SIMON BAILEY
ANDY MILLIGAN

– MITOS DO – BRANDING

O CLIENTE TEM SEMPRE RAZÃO
E OUTROS CONCEITOS
ULTRAPASSADOS

SIMON BAILEY
ANDY MILLIGAN

– MITOS DO –
BRANDING

O CLIENTE TEM SEMPRE RAZÃO E OUTROS CONCEITOS ULTRAPASSADOS

TRADUÇÃO
UBK Publishing House

ubook

Publicado mediante acordo com Kogan Page. Edição original do livro, *Myths of Branding: A Brand Is Just a Logo and Other Popular Misconceptions*, publicada por Kogan Page.

ubook UBK
Publishing House

COPIDESQUE	Nicole Cristo
REVISÃO	Marcela de Barros e Isis Pinto
CAPA	Kogan Page
ADAPTAÇÃO DE CAPA E PROJETO GRÁFICO	Bruno Santos
DIAGRAMAÇÃO	Abreu's System

Dados Internacionais de Catalogação na Publicação (CIP)
(Câmara Brasileira do Livro, SP, Brasil)

Bailey, Simon
Mitos do branding: o cliente tem sempre razão e outros conceitos ultrapassados / Simon Bailey, Andy Milligan; tradução UBK Publishing House. – 1. ed. – Rio de Janeiro: Ubook Editora, 2020.

Título original: Myths of Branding
ISBN 978-65-87549-48-4

1. Administração de empresas 2. Branding (Marketing) 3. Marca comercial 4. Marca comercial – Administração 5. Marca comercial – Marketing 6. Marketing – Administração 7. Sucesso nos negócios I. Milligan, Andy. II. Título.

20-41022 CDD-658.827

Ubook Editora S.A
Av. das Américas, 500, Bloco 12, Salas 303/304,
Barra da Tijuca, Rio de Janeiro/RJ.
Cep.: 22.640-100
Tel.: (21) 3570-8150

Ao meu pai, à KP e à Caffeine.
Simplesmente os melhores.

SIMON

Sumário

Prefácio

Há muitos livros, teorias e abordagens sobre branding. Em última análise, porém, a maioria deles é essencialmente igual e todos chegam a conclusões semelhantes sobre a importância da marca e os princípios fundamentais que sustentam as marcas bem-sucedidas. Todos concordam que as elas são ativos importantes para as empresas, que os consumidores as valorizam e que suas bases são regras essenciais de coerência, clareza, relevância e diferenciação. No entanto, apesar de haver tanta concordância sobre o valor e o significado das marcas, ainda persistem muitos mitos sobre a função correta, a natureza e o valor delas. Provavelmente, esses mitos persistem por duas razões. Uma delas é que, embora a disciplina de branding esteja bem estabelecida, não é uma prática tão formalizada nem uma parte legal inerente à governança corporativa para que suas regras e padrões tenham sido estabelecidos, acordados e instituídos em órgãos reguladores ao redor do mundo. Há, portanto, um grau compreensível de variação sobre a forma como a marca é interpretada e praticada. A outra razão é que a natureza do branding comparada, digamos, com a contabilidade e o direito, é tal que é altamente visível e onipresente na vida de todos nós. Estamos todos expostos a marcas e branding diariamente. Nós as consumimos, as rejeitamos e as admiramos de acordo com nossos valores pessoais e experiências diárias. Isso significa que quase todos no mundo têm uma opinião sobre marcas e branding, e algumas dessas opiniões são moldadas por algumas vozes na mídia que se preocupam com o efeito insidioso do consumismo sobre nossa sociedade e sobre o papel das corporações de especulação em nosso mundo. Algumas pessoas veem as marcas como o cartaz de uma economia capitalista exploradora. Naomi Klein elaborou aquela que é, provavelmente, a mais conhecida explicação sobre essa visão.*

Nós, os autores deste livro, passamos toda a nossa vida trabalhando na área das marcas e do branding. Temos visto marcas boas, ruins e as que são, em grande parte, indiferentes e esquecíveis. Sempre acreditamos que as marcas são valiosas. Desenvolvidas e geridas adequadamente, são um bem econômico e social. Ajudam as empresas a crescerem, estimulando, assim, a criação de riqueza, emprego e tributação. Além disso, ajudam as pessoas a obterem mais rapidamente as coisas que querem, valorizam e, muitas vezes, de que precisam, sejam carros, computadores, leite, uma hipoteca, viagens ou serviços. Por outro lado, é mais fácil punir um negócio rejeitando uma marca que não presta um serviço útil ou que está associada a uma companhia cujas práticas são antissociais ou antiéticas. Esse poder do consumidor pode impulsionar mudanças nas práticas corporativas e, portanto, melhorias no mundo em que vivemos. A crescente demanda dos consumidores por produtos *fairtrade* (comércio justo) e processos de produção e embalagens ecologicamente sustentáveis é a prova disso.

Assim, este livro é escrito a partir da perspectiva de muitos anos de experiência com marcas e seus proprietários em todo o mundo e em diferentes setores. É escrito a partir da compreensão positiva do que as marcas podem ajudar as empresas e os consumidores a alcançarem.

---

* Naomi Klein. *No Logo*. Vintage, 1999.

Finalmente, é claro, é escrito a partir de nossa própria perspectiva como consumidores de marcas, assim como qualquer cliente.

Mitos do branding procura desafiar alguns saberes comuns e também trazer a prática do branding para a atualidade. Vamos procurar desmascarar alguns mitos bem estabelecidos — que branding é apenas identidade, que as marcas não têm nenhum valor real, que elas existem apenas para impulsionar preços *premium* —, mas também vamos ver como a tecnologia está realmente impactando as marcas, se a fidelidade a elas está mesmo diminuindo, até que ponto o cliente está sempre certo e o que acontece se você perder a confiança dele. Vamos também olhar para alguns dos mitos que rodeiam o profissional que trabalha com branding, por exemplo, o mito de que as marcas não importam nos negócios, de que não existem ferramentas reais para ajudá-lo a gerir sua marca, e de que os clientes querem ser amigos dela. Também exploraremos outros mitos, mas esperamos que isso lhe dê uma ideia do que está por vir.

Este livro representa as nossas opiniões informadas e especializadas. No entanto, são apenas isso — nossas opiniões. Alguns podem discordar das conclusões que tiramos sobre os mitos que listamos neste livro. Outros podem sentir que ignoramos alguns deles. Gostaríamos muito de ouvir qualquer um que tenha uma visão diferente da nossa ou que pense que existem outros mitos que precisam ser desafiados ou que podem ser comprovados.

No fim, as marcas são construídas fundamentalmente sobre a opinião pessoal, a opinião de uma pessoa que decide que prefere ou gosta mais de uma marca do que de outra. Portanto, é justo que encorajemos as pessoas a compartilharem e expressarem suas opiniões sobre o que pensamos.

Incluímos um breve capítulo introdutório sobre a natureza das marcas em geral e a diferença entre marca e branding. Há tantos livros, como já mencionamos, que cobrem esses tópicos em profundidade que escrever sobre eles aqui seria supérfluo. Em vez disso, ao longo desta obra, fizemos referência a muitas outras em que esses importantes estudos sobre marcas podem ser encontrados.

No entanto, ao longo de todo o livro, explicamos, no contexto do que estamos discutindo, o que são as marcas, como funcionam, qual é seu valor, como nós, clientes ou consumidores, as apreendemos e como as empresas e, na verdade, personalidades individuais, as gerem agora. Sentimos que era uma forma melhor e mais relevante de abordar esses tópicos.

Escolhemos vinte mitos que consideramos serem os mais comuns e persistentes relacionados com o tema das marcas e do branding. Alguns deles são tão antigos quanto o início da prática de branding, que tem quase trinta anos. Alguns, mais recentes, são um resultado talvez da crescente importância e, portanto, do crescente escrutínio acadêmico e quase-acadêmico a que as marcas estão sujeitas. Em cada mito tentamos representar de forma justa a razão por que surgiu, bem como, naturalmente, o que é. A maior parte de cada capítulo é dedicada a uma exposição das questões relevantes com as quais o mito se relaciona e, em sua maior parte, ao repúdio ou ocasionalmente a um esclarecimento simpático delas.

Não escrevemos este livro como uma narrativa linear, e não esperamos que você o leia dessa forma. Queremos que fique feliz em mergulhar e sair dele. Você pode escolher ler qualquer um ou vários dos mitos que mais lhe interessam sem ler nenhum outro. Ou pode lê-los todos na ordem que quiser. Se você ler todos os capítulos, encontrará certas referências ou exemplos que podem se repetir, embora de maneiras ligeiramente diferentes, para apoiar pontos diferentes.

Nós escrevemos o livro com o leitor geral em mente, não o profissional de marketing, para quem muitos dos conceitos e análises serão familiares.

Por essa razão, também tentamos manter a nossa linguagem tão simples, clara e compreensível quanto possível. No campo do mercado e dos negócios em geral e no branding em particular, há, muitas vezes, o desejo de usar palavras e termos longos e complicados para o que já são conceitos abstratos. Preferimos tentar tornar o que por vezes podem ser questões complexas tão fáceis de compreender quanto possível. Como costumamos dizer aos nossos colegas, clientes e amigos, "o branding não é engenharia espacial". É muito mais complicado do que isso.

Esperamos que você aproveite o livro e aprecie o espírito com que foi escrito.

Introdução

SOBRE MITOS E MARCAS

De acordo com o *Dicionário Oxford*, um mito é "uma história tradicional, especialmente no que diz respeito à história inicial de um povo ou à explicação de um fenômeno natural ou social, envolvendo tipicamente seres ou eventos sobrenaturais". Neste livro, não podemos prometer muito do sobrenatural ou mesmo uma exploração de fenômenos naturais, mas sim que vamos examinar as histórias e a sabedoria que rodeiam o tema das marcas e do branding.

Antes de avançarmos, provavelmente vale a pena definir a diferença entre "marca" e "branding". As marcas são tradicionalmente vistas como uma combinação de ativos tangíveis e intangíveis que atuam como marcadores ou identificadores e, em termos jurídicos, "separam uma empresa de outra". As marcas podem ser protegidas como marcas registradas, e, ao longo dos anos, tornou-se possível proteger nomes, identidades, cores, sons e até mesmo diferentes formas de embalagens.

A Harley-Davidson conseguiu até mesmo proteger legalmente o ronco único de seus motores.

Os proprietários de marcas, por sua vez, têm procurado revestir seus ativos com um significado distintivo que ajuda a criar apelo e valor com seus clientes — esse processo de criação e gestão de marcas é muitas vezes referido como branding —, a mistura excepcionalmente desafiadora que é a arte e a ciência da construção de marcas.

MARCAS E BRANDING

As marcas estão por todos os lados. Para além de adicionar cor, interesse e diversão, ajudam os consumidores a fazerem escolhas. Elas podem atuar como uma abreviação bem-vinda, acelerando a tomada de decisões; podem construir afinidade e significado e até mesmo ajudar alguns de nós a construir nossa própria identidade pessoal — o cerne da noção de que, até certo ponto, "somos o que compramos".

E, no entanto, muitos suspeitam da ciência e da arte da construção de marcas, como se, de alguma forma, fosse uma prática desonesta, algo destinado a enganar e confundir, algo que pesa as balanças a favor da corporação em detrimento do consumidor — e isso ainda antes de chegarmos à tão propagada ideia de que as marcas globais e as corporações que as possuem são as únicas responsáveis pela globalização e pela morte dos comércios locais.

As marcas existem porque são, de fato, o lema da condição humana. Gostamos de sinalizar propriedade, de projetar significado sobre as coisas que nos cercam, de coisas que reduzem riscos e agem como garantidores de qualidade; gostamos de coisas que nos fazem sentir diferentes e especiais e gostamos de coisas que despertam nossa imaginação e nos deixam entretidos e entusiasmados.

As marcas existem porque nós existimos.

COMO TUDO COMEÇOU

Nunca seremos realmente capazes de identificar com precisão quando começou a prática de branding, mas parece seguro presumir que, desde que as pessoas passaram a produzir bens para venda ou troca, elas os têm promovido e deixado sua marca neles. Historicamente, a vida das marcas começou com marcas de propriedade (por exemplo, em marcações de gado), bem como uma forma de garantia primitiva — atestando qualidade e proveniência —, e, ao longo dos milênios, evoluiu para se tornar uma mistura complexa de tangível e intangível.

Já nos anos 1960, se tivéssemos pedido aos clientes britânicos no centro comercial local que falassem sobre suas marcas favoritas, eles teriam provavelmente feito referência a uma série de marcas de consumo, por exemplo: Heinz, Cadbury's, Hoover e Mars. As marcas como as conhecemos estavam indissociavelmente ligadas ao *boom* do pós-guerra e estreitamente associadas à melhoria dos padrões de vida e ao aumento da prosperidade. As marcas estavam lá principalmente para simplificar a escolha e fornecer uma garantia de qualidade e procedência. Alguns proprietários de marcas estavam experimentando maneiras de construir significados para seus produtos — a mais famosa era a Volkswagen, com sua publicidade "Lemon" para o Fusca, mas na maioria dos casos as marcas ainda estavam atuando como identificadores — um nome, uma identidade, um slogan, um jingle.

A ASCENSÃO DA MARCA DE SERVIÇOS

Só no fim dos anos 1970 e início dos anos 1980 é que o conceito de marcas começou a se estender a todas as áreas de negócio. Quando as empresas públicas foram privatizadas, os mercados foram desregulados e a concorrência tornou-se mais feroz, a necessidade de diferenciar seu negócio ficou maior. Os serviços públicos, os fornecedores de telecomunicações, os bancos, as seguradoras e as companhias aéreas estavam agora abraçando entusiasticamente o poder da marca. Com os proprietários de marcas lutando pelo espaço na mente dos consumidores, a publicidade tornou-se cada vez mais influente. O foco foi imbuir produtos e serviços de significado para que você, como cliente, pudesse se cercar das marcas que melhor o representassem — a própria noção de consumo como uma forma de expressão pessoal. Mesmo as empresas que prestavam serviço a outras empresas começaram a perceber que ter uma marca era um importante suporte de negócios — mesmo céticos tiveram de atestar o poder da declaração "Ninguém nunca foi demitido por contratar a IBM".

As marcas agora eram vistas como mais do que apenas um logotipo ou um slogan; elas eram vistas como oportunidades para criar significado.

A ECONOMIA DA EXPERIÊNCIA

Nos anos 1990 e no início dos anos 2000, vimos marcas estenderem seus significados para abraçar a economia da experiência. À medida que acumulávamos mais coisas, tornou-se mais interessante procurar experiências únicas ou envolventes. A Virgin Atlantic ajudou os clientes a se sentirem como uma estrela do rock, as cafeterias ofereceram um "terceiro espaço" entre o trabalho e a casa, a Apple forneceu todo um ecossistema digital, redes de academias prometeram transformar seu corpo e seu estilo de vida. As marcas agora podem o moldar ou até mesmo imergir você em um mundo de marcas.

A ECONOMIA DIGITAL

Estamos agora no meio de uma revolução digital que ainda está ganhando velocidade. A capacidade de encontrar, comparar e compartilhar informações instantaneamente teve um efeito transformador nas empresas e marcas. Hoje em dia, é cada vez mais difícil separar a marca do negócio que a sustenta — os dois se tornaram efetivamente uma única coisa. Quando você pode comparar instantaneamente preços e características dos produtos, quando você pode descobrir quem possui uma empresa e como eles tratam a equipe, quando você pode avaliar o serviço ou produto e postar seus comentários on-line, quando você pode se comunicar diretamente com uma empresa por meio de uma plataforma de mídia social, quando o boca a boca nunca foi tão importante, as marcas se tornam inextricavelmente ligadas à forma como um negócio se comporta.

É também por isso que os clientes já não estão apenas preocupados com quem você é e o que você faz; eles também estão interessados em saber por que você faz isso. A noção de propósito está se tornando cada vez mais importante. O que você está dizendo aos seus funcionários é congruente com o que diz aos seus clientes? Está agindo de forma autêntica? Você procura mitigar os impactos negativos que seu negócio pode ter? Você opera de acordo com um conjunto de princípios claros?

Assim como as marcas mudaram, também mudou a prática da marca. O que começou como *naming*, design gráfico e publicidade se transformou em um conjunto mais amplo de atividades. Se o branding começou como uma forma de ajudar os proprietários de marcas a criarem uma atribuição clara, ele evoluiu para englobar um sistema operacional, o processo de encontrar uma ideia autêntica, distintiva e própria que una funcionários e clientes e, em seguida, alinhe todos os aspectos da forma como o negócio se comporta por trás dessa ideia.

Seja qual for seu ponto de vista sobre marcas e branding, se você os vê como uma força para o bem ou como os vanguardistas de um sistema capitalista quebrado, esperamos que você encontre algo neste livro que desafie sua perspectiva ou seu pensamento.

Não vai surpreendê-lo descobrir que somos apoiadores de marcas; nós as vemos como parte integrante da livre expressão e do livre acesso. São também cada vez mais uma forma importante de responsabilizar as empresas. Mas, além disso, também as vemos intimamente conectadas com o que significa ser humano.

MITO 1

AS MARCAS SÃO APENAS UMA FORMA DE COBRAR MAIS CARO PELO MESMO PRODUTO

Nós, os clientes, decidimos o que compramos e o quanto estamos dispostos a pagar. As pessoas compram marcas por mais razões do que apenas o produto.

Uma das críticas mais comuns feitas às marcas é que elas são um esquema de marketing, uma forma de distinguir um produto ou serviço relativamente genérico e cobrar mais dinheiro por ele. Quantas vezes já ouviu alguém dizer: "Só está pagando pela marca"? Na verdade, uma marca raramente é apenas uma forma de cobrar mais pelo mesmo produto, porque o produto é apenas parte do que as pessoas pagam. É importante ter em mente que o valor de uma marca reside na mente do consumidor. Como supostamente dito por Jeff Bezos: "Uma marca é o que as pessoas dizem sobre você quando você não está na sala." Identidades podem ser adquiridas. Marcas, em suas formas mais verdadeiras, não podem.

Cada marca é única. É verdade que algumas marcas não são particularmente distintivas e, em alguns casos, podem não representar um bom valor. Mas, no geral, duas marcas que operam na mesma categoria não podem, por definição, ser exatamente as mesmas. Uma marca é a consequência de todas as ações tomadas para construí-la e sustentá-la, e da posterior impressão que essa atividade forma na mente do consumidor, para o bem ou para o mal.

A verdadeira razão pela qual as empresas investem na construção de marcas é porque, se bem feita, ela gera demanda e (em grau variável) sustenta a fidelidade. Isso, por sua vez, impulsiona a receita e sustenta a margem. Boas marcas também ajudam a reduzir o risco. Se bem estabelecida e bem gerida (especialmente uma que tenha prosperado durante muitas décadas), tem boas chances de resistir a ciclos econômicos voláteis. Na verdade, começa com uma vantagem inata.

É claro que há muitos exemplos de marcas que procuram tirar partido dos consumidores, mas, na maioria dos casos, elas raramente perduram. Gerald Ratner descobriu, no início dos anos 1990, que os consumidores não gostam de ser cinicamente manipulados; ele pareceu destruir eficazmente sua própria marca de joias quando admitiu em uma conferência que os produtos na Ratners (e, de maneira implícita, no resto de seu grupo) eram uma "porcaria". Depois dessa revelação, parece que não havia como voltar atrás para Gerald ou suas lojas homônimas, não porque ele não poderia ter abordado a qualidade do produto, mas porque, de um dia para o outro, a marca pareceu se tornar fatalmente sinônimo de ser feito de trouxa. Gerald foi despedido pouco depois.

Haverá sempre tentativas de oferecer aos clientes um mau negócio, desde a cópia fraudulenta de um produto inferior (falsificação) até a exploração mais cínica do valor da marca existente, mas nenhum dos cenários é sustentável no longo prazo. Mesmo os melhores produtos falsificados exigem que você pague menos por menos, e os consumidores rapidamente se conscientizam das tentativas de insultar sua inteligência.

As marcas que procuram um preço *premium* injustificado ou tratam os consumidores com desprezo descarado tendem a não prosperar. E esse é o ponto crucial que mina esse mito.

A verdade é que somos "nós", os clientes, que em última análise decidimos o que comprar e quanto estamos dispostos a pagar.

A Sexta-Feira Marlboro serve para ilustrar este ponto. Em 1993, a Philip Morris decidiu, de um dia para o outro, reduzir o preço dos cigarros Marlboro em vinte por cento. Tinham percebido que sua cota de mercado estava sendo reduzida por marcas mais baratas e que tinham efetivamente atingido um preço máximo. Muitos especialistas viram isso como a "morte das marcas" e, como resultado do corte de preço, o valor das ações da Philip Morris caiu 26 por cento. Outras marcas de bens de consumo foram igualmente afetadas. Claro que isso não pressagia o fim dos preços especiais. A Philip Morris continuou a investir fortemente em todos os aspectos da construção da marca, mas demonstrou que são os clientes que, em última análise, determinam o quanto estão dispostos a pagar.

ESTAMOS PAGANDO PELA SATISFAÇÃO PSICOLÓGICA, E NÃO PELA SATISFAÇÃO DO PRODUTO

A noção do que assegura um preço *premium* provavelmente não é tão simples quanto parece à primeira vista. Em muitos casos, um preço *premium* pode ser sustentado por um concorrente, apesar de, numa categoria específica, a qualidade do produto ou do serviço ser, na realidade, altamente comparável. Desde que um produto ou serviço atinja um limiar de qualidade aceitável, um consumidor pode estar disposto a pagar mais pela marca que considera de qualidade superior ou simplesmente mais distintiva ou apelativa. Os clientes estão dispostos a pagar mais por um produto que consideram verdadeiramente diferente ou distinto.

Vamos aplicar esse pensamento a uma categoria específica. É improvável que um consumidor que procura uma bolsa de luxo de alta qualidade ou uma mala de viagem estilosa tenha o conhecimento necessário para poder realmente examinar a qualidade intrínseca dos produtos que está considerando. Será que ele realmente sabe avaliar a qualidade do couro e da costura? Estará familiarizado com os diferentes métodos de produção ou as técnicas utilizadas pelos artesãos? Sabe quais são as características que garantem durabilidade e longevidade? É provável que a resposta à maioria dessas perguntas seja objetivamente "não". O que importa é que o produto satisfaça um limiar de qualidade que possa (à primeira vista) justificar o preço *premium*; é provável que a escolha real seja feita em torno de uma combinação de cor, design e preferência de marca. No que se refere aos aspectos citados anteriormente, convém igualmente refletir sobre o fato de tanto o design da bolsa como a própria marca terem exigido um investimento considerável. Estes são os elementos que impulsionam a demanda nessa categoria: a singularidade do design, a relativa escassez do produto, a qualidade da publicidade, o cuidadoso marketing com celebridades e posterior campanha nas redes sociais, a narrativa da marca, a experiência do varejo (na loja ou on-line) e até mesmo a qualidade da embalagem. Comprar uma bolsa estilosa é alinhar-se com um conjunto muito específico de associações de marcas. Você está comprando mais um benefício psicológico ou emocional do que um produto. Está comprando uma afirmação de sua autoestima ou identidade.

Exatamente o mesmo acontece no mercado automotivo. Como é baseado em engenharia, você poderia ter pensado que envolveria decisões de compra altamente racionais. Parece razoável supor que a qualidade, a confiabilidade e a durabilidade dos veículos aumentam em função de seu preço. Quanto mais caro ou *premium* o carro, maior será a qualidade; nesse contexto, também seria de se esperar que as marcas de automóveis menos confiáveis tivessem dificuldade em vender seus carros. Na verdade, acaba não sendo assim. Como a qualidade e a confiabilidade melhoraram muito em toda a categoria, isso não tem mais o impacto direto que você esperaria. Os fabricantes *premium*, como a BMW, a Mercedes e a Land Rover, ficam, muitas vezes, muito aquém de seus homólogos asiáticos de nível médio em termos de funcionalidade, mas isso não tem um impacto real observável em seu sucesso global de vendas. A categoria é fortemente influenciada pelo design, desempenho, preço e, acima de tudo, pela imagem.

TODOS NÓS TEMOS DIFERENTES NÍVEIS DE SENSIBILIDADE AOS PREÇOS

Diferentes conjuntos de clientes também tendem a valorizar coisas diferentes. Enquanto um cliente pode evitar a ideia de pagar à Apple alguns milhares de reais pelo privilégio de comprar seu último smartphone, outro ficará na fila a noite toda do lado de fora de uma loja para fazer exatamente isso. Tudo dependerá do que o cliente considerar importante. Se o consumidor valoriza uma interface intuitiva, conectividade perfeita, design elegante e a glória de possuir a mais recente geração de tecnologia inteligente, é provável que perceba o preço da Apple como justificado; contraste isso com um cliente que se preocupa menos com o design da interface e, em vez disso, valoriza liberdade, flexibilidade e preços mais baixos proporcionados por um dos fabricantes alternativos. Para esse cliente, a Apple irá parecer imediatamente menos sedutora e possivelmente cara demais.

Uma pesquisa recente da Deloitte, apresentada em um artigo da Kantar Millward Brown, demonstrou que nem todos os clientes têm o mesmo nível de sensibilidade aos preços. Por exemplo, 32 por cento dos entrevistados nessa pesquisa faziam parte de um grupo chamado "compradores de conveniência abastados", e esse grupo tendia a ser o mais leal à marca e o menos sensível ao preço.

O quão importante sua categoria é para as pessoas irá determinar o quão sensíveis aos preços elas são, mas, em qualquer categoria, diferentes tipos de clientes irão exibir diferentes níveis de sensibilidade aos preços.

Os preços da Apple permitem que ela invista somas consideráveis em inovação e design, mas, por outro lado, também tranquilizam seus clientes quanto à qualidade genuína do que estão comprando. O mesmo se aplica a outras categorias. Stella Artois foi capaz de cobrar um preço *premium* por sua cerveja porque investiu para fazer sua marca parecer aspiracional; essa mesma abordagem funcionou para a cerveja mexicana Dos Equis. Parece que somos, muitas vezes, acalmados pelo "tranquilizadoramente caro".

O PREÇO *PREMIUM* É SUSTENTADO QUANDO EXISTE UMA JUSTIFICAÇÃO CONSTANTE

A ideia de que as marcas são apenas uma forma de cobrar mais pelo mesmo produto pode ter mais credibilidade nos casos em que elas desempenham um papel muito menos significativo na decisão de compra. Você pode esperar encontrar isso em categorias que são consideradas, em maior ou menor grau, como mercantilizadas. Por exemplo, a venda a varejo de combustível. Quando você tem um "lugar preferido" para encher o tanque do seu carro ou trocar o óleo, é provável que essa preferência seja tanto pela localização como pela marca. É muito difícil para o motorista médio avaliar o desempenho relativo de diferentes marcas de combustível — o motor está funcionando ou não está —, o que ajuda a sustentar a noção de que todo combustível é essencialmente o mesmo e que os grandes distribuidores (fornecedores de marca) estão efetivamente em conluio para manter o preço de um produto *commodity* mais alto do que o necessário.

Por fim, as cadeias de supermercados notaram isso e decidiram parar de vender combustíveis de marca BP, Esso etc. No fim dos anos 1980, quando começaram a vender combustíveis de marca própria (Tesco, Sainsbury's etc.), era possível abastecer o carro durante as compras semanais e pagar menos pelo combustível do que se pagaria com um fornecedor de marca. Exceto, claro, que não foi assim tão simples. Enquanto os grandes fornecedores de marca podiam controlar e garantir a qualidade de seus combustíveis, não era possível dizer o mesmo dos supermercados. Eles compravam combustíveis de diversos fornecedores e especificavam uma norma mínima de desempenho. Isso, por sua vez, levou a uma série de casos em que os supermercados venderam combustível de baixa qualidade, o que resultou em um impacto negativo no desempenho dos motores e, em alguns casos, até danos permanentes aos veículos. No início de 2007, a revista *Autocar* relatou que milhares de clientes foram afetados pela distribuição de combustível de baixa qualidade nos postos Tesco e Morrisons. Foi reportado que o problema tinha sido rastreado e identificado como proveniente de um único terminal em

Essex. Claro que essas questões foram resolvidas e os problemas foram corrigidos, mas uma semente de dúvida tinha sido plantada. Alguns centavos a mais pelo litro podem realmente fazer o investimento valer a pena, especialmente se você é alguém que se preocupa com seu carro ou que prefere dirigir um veículo de alto desempenho.

Os fornecedores de marca também não se acomodaram. Continuaram a investir fortemente em novos aditivos para combustíveis e derivados. Eles lançaram combustíveis que poderiam cuidar do motor e melhorar a economia de combustível. Sim, os benefícios podem ser mínimos e difíceis de ver, mas podem, pelo menos, ser comprovados pela ciência.

Eles também poderiam oferecer combustíveis de qualidade superior, juntamente com a garantia implícita de que, ao comprar de um fornecedor de marca, você está fazendo o melhor para seu veículo. E não parou por aí. Talvez com um olho no futuro, os fornecedores da marca e seus franqueados começaram a investir na experiência do varejo: você não se importa de pagar um pouco mais pelo combustível se puder ter a conveniência de fazer alguma compra de mercado e tomar uma xícara de café decente ao mesmo tempo.

Assim, mesmo em uma categoria aparentemente mercantilizada como o varejo de combustíveis, uma mistura potente de engenhosidade e concorrência garantiu que não houvesse dois combustíveis iguais.

MUITAS VEZES ESTAMOS PREPARADOS PARA PAGAR A DIFERENÇA

Mesmo quando uma marca se assemelha ou se posiciona de maneira semelhante a uma concorrente, às vezes você pode estar pagando mais porque ela optou por se comportar de forma diferente. Uma das coisas muitas vezes negligenciadas é que as marcas grandes estão frequentemente sujeitas a um nível mais elevado de escrutínio do que as menos conhecidas. Elas se tornam, de fato, o padrão da categoria. Quando você compra um par de tênis da Nike, você está pagando pelo investimento em design, materiais, imagem e patrocínio, mas também está pagando pelo investimento na cadeia de suprimentos. Para continuar construindo seu negócio, a Nike teve de enfrentar alguns de seus laços de responsabilidade social mais amplos. Teve de regular os fornecedores, garantir que os parceiros aderissem a condições específicas e pagar os trabalhadores de forma justa. As marcas globais sabem que têm de integrar o bom comportamento em seu modelo de negócio, porque isso é cada vez mais (e com razão) esperado por seus clientes. A Nike também sabe que é cobiçada por alguns clientes que se esforçam para comprar seus produtos; é por isso que está investindo em comunidades locais. Ela não pode dar-se ao luxo de não valorizar seus clientes, e nem deve fazer isso.

Como a tecnologia tornou muito mais fácil para os concorrentes copiar as vantagens de um produto ou serviço, as marcas têm procurado cada vez mais diferenciar-se com o poder das experiências. Marcas que oferecem experiências memoráveis ou distintivas destacam-se e são lembradas. É muito mais difícil para um concorrente replicar uma experiência única, especialmente uma impulsionada pela cultura individual de uma organização. Virgin Atlantic, Metro Bank, giffgaff, Starbucks, Apple e Amazon são apenas alguns exemplos de empresas que procuraram construir vantagem competitiva dessa forma. Ao entender o que seus clientes realmente valorizam, essas empresas têm sido capazes de desenvolver algumas características altamente distintivas que, coletivamente, se somam a uma experiência única de marca. Ao fazer escolhas discretas e objetivas, elas têm (em muitos casos) sido capazes não só de construir marcas poderosas, mas também de manter a competitividade dos preços.

É verdade que algumas empresas oferecerão o mesmo produto para venda por meio de mais de uma marca, mas muito raramente no mesmo país ou território. Os fabricantes de automóveis, por exemplo, recorrerão ocasionalmente ao *rebadge*, ou seja, apresentarão o mesmo produto com outra marca, para um país ou região diferente, mas essa operação está normalmente ligada a um contexto de mercado específico, tal como uma marca adquirida na sequência de uma aquisição mais vasta. Raramente é uma tentativa de enganar o consumidor.

EM MARCAS NÓS CONFIAMOS

Há uma categoria, no entanto, em que — pelo menos à primeira vista — as marcas são rotineiramente usadas para cobrar mais caro pelo mesmo produto (ou por um muito semelhante). Medicamentos. Quando um medicamento é inicialmente licenciado, a empresa que o desenvolveu recebe uma patente por um período determinado. Esse acordo (dependendo do tipo de medicamento) permite que a empresa comercialize o medicamento (livre de concorrência direta durante um período de tempo), recupere seu investimento em pesquisa e desenvolvimento e obtenha lucros. Um dia, porém, a patente expira e os concorrentes fazem outras versões genéricas do remédio. Esse acordo está muito em evidência com medicamentos de venda livre. Um exemplo é o ibuprofeno (um anti-inflamatório não esteroide). Ele surgiu no Reino Unido em 1969 como um medicamento vendido sob prescrição médica, porém mais tarde foi licenciado e se somou a uma série de marcas reconhecidas de venda livre, sendo uma das mais famosas a Nurofen, agora uma marca bilionária. Mas, mesmo assim, o ibuprofeno tornou-se acessível aos fabricantes de genéricos, o que resultou na situação que temos hoje, em que, dependendo da marca, você pode pagar até três vezes mais pelo mesmo medicamento.

Evidentemente, também se pode argumentar que alguns consumidores entendem essa lógica de mercado; talvez seja esse o preço que escolhemos pagar para assegurar que as empresas farmacêuticas continuem a investir em pesquisas e desenvolvimento? Além disso, muitos dos medicamentos de marca contêm ingredientes adicionais para melhorar sua ação e eficácia e, para voltar ao foco deste capítulo, quando o consumidor compra a marca farmacêutica líder, também está comprando tranquilidade; uma garantia de qualidade e eficácia, que, em uma categoria na qual até cinquenta por cento da eficácia de um medicamento pode ser diretamente atribuída ao efeito placebo, realmente importa.

Em última análise, são os clientes que decidem o preço que estão dispostos a pagar por uma marca. Em vez de sermos enganados para gastarmos mais dinheiro do que o necessário, muitas vezes concordamos ativamente com empresas em pagar um valor *premium*, geralmente porque estamos comprando muito mais do que apenas um simples produto ou serviço.

LEITURA ADICIONAL

Ben Goldacre. *Bad Science*. HarperCollins Publishers, 2009.

Kantar Millward Brown. "How Smart Brands Command a Price Premium". Disponível em: <www.millwardbrown.com/Insights/Point-of-View/How_Smart_Brands_Command_a_Premium_Price/default.aspx>.

Alvin J. Silk e Bruce Isaacson, Philip Morris: "Marlboro Friday (A)". Harvard Business School Case 596-001, setembro de 1995 (revisto em dezembro de 1997).

MITO 2

UMA VEZ PERDIDA, A CONFIANÇA NUNCA PODERÁ SER RESTAURADA

Se você tem uma marca forte e um desejo de tomar medidas de reparação, a confiança pode, muitas vezes, ser totalmente ou pelo menos parcialmente restaurada.

As marcas, tal como as pessoas, podem errar em suas ações. Na maioria das vezes, esses erros são inocentes, pequenos erros diários que impactam um pequeno número de clientes, muito comuns no mundo dos negócios. Isso é infeliz e frustrante para o consumidor, mas relativamente simples de corrigir e resolver para a satisfação do cliente. Mas, ocasionalmente, as coisas podem correr muito mal. São erros tão grandes e tão sistêmicos que têm o potencial de comprometer a existência da marca e do empreendimento que a sustenta.

O motivo desse tipo de erro costuma ser mau comportamento (em todas suas várias formas), e a razão pela qual esses erros são tão prejudiciais é que têm um impacto direto na confiança. Se seus clientes não acreditam que você é confiável, as consequências podem ser dramáticas.

Então, se a confiança é difícil de ganhar e fácil de perder, ela realmente pode ser restaurada?

E, se é verdade que algumas marcas desapareceram completamente devido ao seu comportamento, por que algumas são aparentemente capazes de se recuperar após uma quebra de confiança enquanto outras nunca a recuperam?

Bem, aqui está a boa notícia (especialmente se você está no meio de um grande problema): geralmente é possível reconstruir a confiança, mas primeiro você precisa entender tanto a natureza do problema como as ações necessárias para resolvê-lo.

INTENCIONAL, NEGLIGENTE OU ÓBVIO DESRESPEITO?

O maior determinante que dita o resultado desse tipo de acontecimento é a natureza do problema que ocorreu. Foi intencional ou "meramente" negligente? Foi o resultado de uma instrução direta do topo da organização ou de um funcionário desonesto? O ocorrido é o resultado de um desrespeito fundamental ou mesmo de um desprezo aberto pelos clientes? Também ajuda se você tiver grandes reservas de capital e uma grande dose de boa vontade.

No início do livro, abordamos Gerald Ratner e o subsequente colapso de sua marca. A marca de grande sucesso faliu no início dos anos 1990 em meio a uma tempestade na mídia depois que ele afirmou em uma conferência e admitiu abertamente (com considerável arrogância) que seus próprios produtos eram uma "porcaria". Essa confissão foi fatal para a marca porque mostrou um desprezo aberto por seus produtos e, mais importante, por seus próprios clientes. Ninguém gosta de ser feito de trouxa, especialmente quando se trata de itens que são frequentemente comprados como expressões de amor ou carinho. A marca de Ratner foi fatalmente atingida.

Compare isso com o escândalo da BP devido à explosão da plataforma Deepwater Horizon, que teve início em 20 de abril de

2010. Parece razoável supor que ninguém na BP intencionalmente se propôs a causar um desastre ambiental, mas a Deepwater acabou por provocar o maior derrame acidental de petróleo na história da indústria petrolífera. Um vazamento no fundo do mar ocorreu durante 87 dias sem controle e, consequentemente, descarregou uma quantidade estimada em 4,9 milhões de barris de petróleo no Golfo do México. Onze pessoas perderam a vida e algumas delas nunca foram encontradas. Os operadores Transocean e Halliburton também se envolveram no escândalo, e a BP acabou por ser considerada gravemente negligente. No entanto, apesar das críticas à liderança e dos danos potenciais às pioneiras iniciativas ecológicas da BP (lembra-se do "muito além do petróleo"?), ela ainda está muito presente no mundo dos negócios.

O ponto-chave aqui é que não houve intencionalidade nesse desastre. Embora a BP tenha sido considerada severamente negligente e devesse ter previsto um potencial acidente, acabou por ser apenas isso, um terrível acidente. A maioria das pessoas entende que a exploração de petróleo é uma atividade suja, perigosa e (pelo menos por enquanto) necessária. O petróleo é cada vez mais difícil de ser encontrado e cada vez mais difícil de ser extraído. Sim, claramente houve falhas e pode ter havido problemas sistêmicos em jogo, mas ninguém na BP "pretendia" que o vazamento ocorresse. Não há dúvida, porém, de que um negócio menos capitalizado e estrategicamente importante não teria conseguido sobreviver. A BP também fez um relatório bem documentado de sua tentativa inicial de gerir a situação, o que acabou por resultar na demissão de seu diretor executivo, Tony Hayward. O custo total do desastre da Deepwater Horizon para a BP é atualmente estimado em cerca de 65 bilhões de dólares. A complexidade do acidente e suas causas, juntamente com a capacidade da BP de poder pagar enormes reparações, ajudaram a garantir a sobrevivência da marca. Porém, o impacto ambiental ainda hoje se faz sentir: a confiança está sendo lentamente reconstruída, mas, para certos grupos de clientes, é provável que isso demore uma vida inteira.

DIESELGATE

O mais recente escândalo da Volkswagen, *Dieselgate*, serve para ilustrar uma série de pontos importantes. Para aqueles que não estão familiarizados com os detalhes dessa história, a Volkswagen foi acusada de, secretamente, ter implantado dispositivos "defeituosos" em mais de quinhentos mil carros a diesel vendidos nos Estados Unidos. O objetivo desses dispositivos era assegurar que, em determinadas condições de teste, o automóvel emitisse menos poluição do que em condições normais de condução no "mundo real". Isso permitiu que os automóveis parecessem passar nos rigorosos testes de emissões dos Estados Unidos quando, na realidade, em condições normais, excediam o limite especificado. O carro era realmente capaz de detectar quando estava sendo testado e o dispositivo era automaticamente ativado durante o teste. Nesse caso, houve claramente uma intenção de enganar tanto o cliente como o órgão regulador, e isso repercutiu globalmente em todo o setor automotivo. Foi particularmente chocante porque a Volkswagen era (até aquele momento) muito conceituada e regularmente apresentava pontuações de confiança mais altas do que de qualquer fabricante *mainstream*.

Por um momento, pareceu que essa crise iria destruir a Volkswagen, mas, depois, as coisas começaram a se estabilizar. Provavelmente, o que ajudou a empresa foi uma série de fatores. Embora essa tenha sido claramente uma grande questão e tenha havido uma intenção óbvia de enganar, o impacto parecia (pelo menos inicialmente) ser limitado a um número específico de automóveis em um território específico. A Volkswagen, antes do escândalo, era considerada uma potência global, produzindo carros seguros e confiáveis e, ainda que não tenha sido bom para sua reputação, o escândalo não minou fatalmente a imagem de engenharia competente e de excelência. A empresa ainda foi ajudada pela falta de uma ligação aparente (ausência de instrução direta) entre os altos executivos e um regime global de testes que, na melhor das hipóteses, poderia ser descrito como altamente deficiente. A confiança na Volkswagen tinha sido gravemente prejudicada (a empresa registrou o pior desempenho financeiro em oitenta anos), mas a companhia conseguiu se recuperar. Mais uma vez, como na BP, a demissão do diretor executivo ajudou a apagar parte do fogo, mas os abundantes recursos financeiros também ajudaram. A UBS estima que o escândalo custou à Volkswagen por volta de 42 bilhões de dólares. Desde o *Dieselgate*, a empresa trabalhou arduamente para reconstruir a confiança e, enquanto o escândalo inicialmente afetou as vendas, em 2017 ela se tornou a maior empresa de automóveis do mundo. O preço das ações também está melhorando, embora mais lentamente. Em julho de 2018, a Volkswagen estava sendo negociada a aproximadamente 143 euros por ação, o que está abaixo da sua alta em 2015, de 240, mas acima dos 136 de 2016.

O que a BP e a Volkswagen demonstram é que as marcas podem sobreviver a eventos catastróficos, mas dependem muito da força que tinham antes da crise, bem como da natureza do problema — como e de que forma a confiança foi afetada? Isso não é o fim da história; no entanto, assumindo que ocorra um acontecimento que possa ser superado, como você começa o processo de reconstrução da confiança?

CORRIGINDO OS ERROS

Entre 2006 e 2009, vários clientes começaram a reportar incidentes de "aceleração involuntária" em uma variedade de modelos Toyota e Lexus (a marca *premium* da Toyota). Por volta da mesma época, vários motoristas que dirigiam carros da Toyota se envolveram em acidentes fatais, que foram diretamente atribuídos pela Administração Nacional de Segurança de Autoestradas dos Estados Unidos (National Highway Traffic Safety Administration — NHTSA) a episódios de aceleração involuntária em consequência de uma unidade de aceleração defeituosa. Isso teve o potencial de impactar catastroficamente um dos maiores fabricantes de automóveis do mundo, especialmente aquele que construiu sua reputação mundial com base na confiabilidade e durabilidade de seus veículos. Uma vez que a Toyota percebeu a gravidade da situação, no entanto, rapidamente tomou medidas decisivas. Acabou por recolher e retificar mais de nove milhões de veículos, inicialmente para substituir tapetes defeituosos (considerados logo no início como a fonte do problema) e mais tarde para substituir os aceleradores. O software defeituoso também foi posteriormente identificado como um problema nos aceleradores sem fio. O custo total do recall foi estimado em cinco bilhões de dólares, mas tanto a disposição de resolver o problema como a escala do recall ajudaram a tranquilizar os clientes. Esse incidente demonstrou o que poderia ser alcançado quando uma marca estivesse preparada para reconhecer o problema e se tornar proativa.

A Samsung fez algo semelhante quando seus clientes começaram a relatar que um número expressivo de seu mais recente smartphone, o Galaxy Note 7, pegava fogo e, em alguns casos, até explodia. Para uma marca global *premium* cada vez mais sinônimo de tecnologia móvel de ponta, isso tinha o potencial de causar danos significativos à reputação da empresa e minar a confiança dos clientes em sua marca. Uma vez que percebeu a extensão do problema, bem como o risco de que o dispositivo pudesse explodir, a empresa tomou uma ação sem precedentes. Inicialmente, a Samsung recolheu 2,5 milhões de aparelhos e os trocou por dispositivos com baterias diferentes, acreditando erroneamente que isso iria corrigir o problema. Quando isso não ocorreu (um dos telefones substituídos pegou fogo em um avião enquanto estava desligado), a Samsung, em seguida, recolheu todos os Galaxy Note 7 e até mesmo chegou a efetivamente desativar qualquer dispositivo ainda em circulação para que não pudesse mais ser utilizado. Ao admitir o problema, realizando testes em larga escala e, em seguida, sendo implacável em sua busca para resolver o problema, a Samsung foi capaz de se recuperar rapidamente e seguir em frente. Os clientes mantiveram em grande parte a fé na Samsung, e a marca continua a ganhar cada vez mais força.

Se o assunto em questão é uma grande crise ou apenas um incidente embaraçoso, a medida que a confiança é impactada depende: *a*) da força da marca antes do incidente; *b*) da natureza do problema; e *c*) de como a marca escolhe reagir.

A Samsung tomou a decisão de agir rapidamente em prol de seus clientes. Ela cometeu um erro, desculpou-se, tomou medidas claras para resolver o problema e depois as implementou de uma forma consistente com a marca, inclusive estando preparada para enfrentar o impacto financeiro de seu erro. Isso contrasta com a BP e a Volkswagen. Parece que ambas levaram mais tempo para perceber tanto a seriedade como a culpabilidade de suas respectivas situações. Talvez seu tamanho relativo e sua estrutura organizacional tenham afetado sua capacidade de agir de forma mais ágil. Mais tarde, porém, essas marcas compreenderam a gravidade da situação e assumiram a responsabilidade. Portanto, evidentemente, a confiança pode ser reconstruída (ou pelo menos parcialmente restaurada), mas a forma como uma marca escolhe agir tem um grande impacto no resultado final. Mesmo quando a situação é muito menos grave, as mesmas regras ainda se aplicam. A tecnologia e as redes sociais têm o poder de amplificar qualquer pequena transgressão. O que importa é como os proprietários de marcas escolhem responder. Isso torna a velocidade e a agilidade incrivelmente importantes. Aja de forma rápida e criativa em relação a uma situação e você pode transformar um incidente potencialmente prejudicial em vantagem. A Virgin Trains fez isso brilhantemente em um trem-bala Pendolino. Depois de se sentar e usar o banheiro, um passageiro descobriu que não havia papel higiênico. O passageiro tuitou seu aborrecimento e, brincando, pediu ajuda. A Virgin leu o tuíte, determinou a localização exata do passageiro e providenciou a entrega de suprimentos na porta do banheiro. O passageiro ficou encantado e a história viralizou em uma variedade de canais de mídia social. Ao reagir rapidamente a um único cliente, a Virgin conseguiu transformar um pequeno ponto negativo em uma grande oportunidade de mídia positiva.

A mesma lógica também se aplica a empresas de tecnologia em rápida evolução como a Uber. Elas estão rapidamente descobrindo que o que o leva a seu primeiro destino ou objetivo de negócio pode não ser necessariamente suficiente para o próximo. Gerir a confiança não é apenas reagir a circunstâncias potencialmente prejudiciais. Trata-se também de tomar medidas para as evitar proativamente, em primeiro lugar. Você pode oferecer a seus clientes um ótimo serviço, mas isso não significa que possa se livrar de ter uma cultura empresarial problemática. No ambiente de negócios de hoje, a maneira como você se comporta com sua equipe é tão importante quanto a maneira como você trata seus clientes. Como mencionamos anteriormente, quanto mais conhecida a marca, mais os clientes esperam que ela mantenha altos níveis de boa conduta. Quando sua marca tem consequências sociais potencialmente negativas, não pode se dar ao luxo de ignorá-las. Você pode não concordar com a realidade da situação ou mesmo com a forma como a questão está sendo enquadrada, mas não deve se recusar a enxergar o problema. Se a Uber parece ignorar as alegações de que está induzindo taxistas indianos a estabelecerem relações comerciais insustentáveis, levanta suspeitas de que não se importa ou é cega para a situação dos outros.

A confiança e a reputação são especialmente importantes em um ambiente regulamentado. O fluxo constante de mídia negativa em torno da conduta da Uber levantou suspeitas suficientes para que o prefeito de Londres e a instituição reguladora usassem isso como base para suspender a licença de operação da empresa. Por motivos políticos ou não, o prefeito alegou preocupações significativas com a segurança e expressou sérias dúvidas sobre a legitimidade da Uber. No momento em que escrevíamos este livro, a licença da empresa tinha sido restaurada "em liberdade condicional", mas uma falha em abordar proativamente as questões de confiança forneceu uma base para desafiar o que muitos clientes veem como um serviço altamente inovador e conveniente.

Como temos visto repetidamente, se você tem uma marca forte e um desejo de tomar uma ação decisiva e reparadora, então, na maioria das vezes (em seu devido tempo), a confiança pode ser totalmente ou pelo menos parcialmente restaurada. Isso não significa que as marcas possam se acomodar. Muitos dos escândalos de alto nível poderiam ter sido fatais se tivessem afetado marcas mais fracas com balanços menos robustos. A confiança é duramente conquistada, facilmente perdida e, muitas vezes, dispendiosa de restaurar.

As questões de confiança também não devem ser deixadas apenas com o pessoal da gestão de crise. Gerir a confiança é parte integrante da gestão de sua marca. É uma atividade diária; o gotejamento constante de sentimentos negativos tem o poder de abalar profundamente a confiança, mesmo para as empresas mais celebradas e inovadoras.

Então, para concluir, se você alguma vez fizer parte de uma grave (mas potencialmente superável) quebra de confiança, siga estes passos:

1. Aja rapidamente; o negócio, como a natureza, abomina o vácuo.
2. Assuma a responsabilidade; ofereça um pedido de desculpas inequívoco e sem restrições.
3. Desenvolva um plano claro para mitigar e resolver os problemas em questão.
4. Comunique o plano a todos seus parceiros-chave.
5. Execute o plano em um estilo que seja reconhecidamente consistente com sua marca.

Se, no entanto, você insultou diretamente seus clientes, mostrou um desrespeito cético com seu próprio negócio, instruiu seus funcionários a fazerem algo desonesto ou foi revelado como uma fraude completa, então você pode descobrir que perdeu totalmente a confiança dos clientes.

Claro, a melhor coisa a se fazer é evitar tal incidente, em primeiro lugar. No entanto, se isso ocorrer, quanto melhor a reputação que você tiver construído para sua marca antes, maior será a probabilidade de que seus clientes o perdoem e lhe deem a chance de corrigir o problema.

LEITURA ADICIONAL

"VW the Scandal Explained". Disponível em: <www.bbc.co.uk/news/business-34324772>.

"VW Reports Biggest Annual Loss in 80 Years", Disponível em: <Www.Ft.Com/Content/d777afa0-0893-11e6-b6d3-746f8e9cdd33>.

"Samsung Note 7". Disponível em: <www.forbes.com/sites/maribellopez/2017/01/22/samsumg-reveals-cause-of-note-7-issue-turns-crisis-into-opportunity/#1818d30924f1>.
"Virgin". Disponível em: <www.mirror.co.uk/news/weird-news/man-saved-lack-of-loo-4928118?ICID=FB_mirror_main>.
What Uber's Troubles Tell Us About the Importance of Company Values. Disponível em: <www.ft.com/content/95cebf4a-76d7-11e7-a3e8-60495fe6ca71>.
Uber's Problems in London are Uber's Problems Everywhere. Disponível em: <https://mashable.com/2017/09/22/uber-london-tfl-lost-license/?europe=true>.

MITO 3

UMA MARCA FORTE PODE SER USADA PARA SUSTENTAR UM NEGÓCIO RUIM

Uma marca não é considerada separada ou distinta do negócio que representa. Eles são, de fato, parte integrante um do outro.

Muitas vezes, são atribuídos às marcas poderes que simplesmente não têm. O principal deles é a ideia de que uma marca forte pode mascarar com sucesso as deficiências de um mau negócio. Pode ter havido uma época em que uma marca forte (ou publicidade forte) era simplesmente vista como um distintivo ou um curativo que podia ser "aplicado" a uma empresa para encobrir uma variedade de males, mas, seja qual for a situação histórica, esse certamente não é o caso hoje em dia.

A revolução digital da última década deixou os "maus" negócios sem lugar para se esconder. Se você tem um mau negócio, é muito provável que seja rapidamente descoberto. O enorme crescimento do comércio eletrônico e o poder das mídias sociais combinaram-se para fornecer uma infinidade de fóruns para que os clientes compartilhem suas opiniões e experiências. Nada (no fim das contas) é tão poderoso quanto uma recomendação feita por outros consumidores. Uma classificação positiva na Amazon pode transformar seu sucesso comercial. Sites e publicações especializados fornecem rankings semanais dos melhores produtos ou experiências de serviço em todo o mundo em uma infinidade de categorias. Os preços podem ser comparados instantaneamente e os provedores competem por meio de mídia programática por seus clientes.

Nesse contexto, é óbvio porque uma marca não pode ser apenas um logotipo atraente ou um produto bem embalado. No mundo de hoje, julgamos uma marca pelo que ela faz. E isso tem consequências profundas, principalmente para o diretor executivo. Se a marca é a soma de tudo o que o negócio faz, então isso não faz do diretor executivo seu derradeiro guardião?

A IMAGEM JÁ NÃO É SUFICIENTE

Mesmo as empresas que operam em categorias em que a "imagem" tem uma forte influência na decisão de compra (moda, tecnologia, luxo etc.) ainda terão de ser capazes de oferecer atributos distintivos e interessantes. A operadora de telefonia móvel Orange — muitas vezes anunciada como o exemplo clássico do que pode ser alcançado com uma imagem forte — foi fundada com uma visão democratizadora que incluía mudar a forma como os clientes eram cobrados. A Orange foi a primeira operadora móvel a cobrar os clientes por segundo (em vez de por minuto), o que corroborou sua afirmação de ser a primeira rede pessoal do Reino Unido.

O que queremos dizer com um mau negócio? Bem, "mau" nesse contexto significa um negócio que está falhando com seus clientes, que está oferecendo má qualidade, baixo valor, uma má escolha ou está fora de sintonia com o que os clientes querem. O termo "mau" abrange igualmente a forma como uma marca (ou proprietário da marca) se comporta, bem como a forma como trata seu pessoal. Nenhuma dessas coisas pode ser mascarada por um bom design gráfico ou uma boa comunicação.

A IMPORTÂNCIA DE PERMANECER RELEVANTE

A rede de supermercados australiana Woolworths serve como um exemplo interessante em sua atuação no Reino Unido. Uma marca muito amada e — na maior parte de sua história — altamente conceituada, a Woolworths estava intimamente ligada à história e ao crescimento do capitalismo ocidental. Tinha uma série de marcas que incluíam o famoso Pic'n'Mix — tão famoso que a frase acabou por entrar no vocabulário da população britânica —, mas nada disso a impediu de fechar as portas no Reino Unido. Um varejista de cem anos afundou-se porque tinha deixado de ser relevante. Não foi capaz de oferecer o suficiente do que seus clientes queriam. O contexto havia mudado; o que antes era uma mistura cativante e eclética de produtos domésticos, roupas, música, brinquedos, doces e entretenimento agora podia ser comprado mais barato e mais convenientemente em outro lugar. Uma marca poderosa não poderia salvar um mau negócio.

Tome como exemplo a finlandesa Nokia, uma vez a melhor do mundo, líder mundial em tecnologia móvel e criadora de celulares desejáveis e altamente inovadores. No entanto, não conseguiu detectar a mudança para o smartphone a tempo. A Nokia era uma marca imensamente respeitada e, no entanto, isso não foi suficiente para evitar que perdesse sua influência e liderança para outras marcas como a Apple e a Samsung. A Microsoft vendeu recentemente a Nokia por 350 milhões de dólares — em seu auge, tinha sido avaliada em aproximadamente 300 bilhões de dólares. Uma boa marca nem sempre é uma garantia de bom desempenho futuro.

Mais recentemente, vimos empresas como a BHS e a Austin Reed falharem porque deixaram de oferecer o que seus clientes queriam. Antes do colapso da BHS, ela tinha sido retratada como a joia do império de sir Philip Green, um imenso sucesso e uma grande geradora de dinheiro, mas em poucos anos deixou de ser relevante. Novos concorrentes, como a Primark, provaram estar mais bem sintonizados com o gosto pela moda rápida e acessível. Os supermercados estavam entrando na categoria e se revelando altamente eficazes no varejo de vestuário infantil. O e-commerce estava fornecendo maneiras novas de fazer compras on-line. A BHS viu-se cercada e sua vantagem competitiva foi rapidamente corroída. Da mesma forma, a Austin Reed, outro negócio robusto do comércio britânico, não conseguiu encontrar seu nicho. Presa entre a nova geração de varejistas populares e as marcas de luxo mais caras, o mix de moda conservadora da Austin Reed aliado à boa qualidade não conseguiu atrair consumidores. Tudo o que resta da Austin Reed agora é um site e a representação em algumas lojas outlets.

A varejista de roupas Gap descobriu do pior jeito que simplesmente usar a identidade visual da marca para renovar o negócio pode criar problemas com os clientes. O erro que a Gap cometeu foi tentar introduzir um novo logotipo sem primeiro explicar por que a alteração era necessária. Os consumidores suspeitaram que algo estava errado; acreditavam que a Gap estava interferindo em uma identidade icônica porque não tinha ideia do que fazer com o resto do negócio. O erro custou caro, já que, no fim, a Gap se viu obrigada a voltar com o logotipo original, uma retratação embaraçosa e prejudicial.

O INTERIOR IMPORTA TANTO QUANTO O EXTERIOR

Uma boa marca também não pode esconder uma cultura empresarial problemática. Algumas das empresas de tecnologia famosas, como a Amazon e a Uber, estão rapidamente descobrindo que vale a pena tratar bem seu pessoal. Uma cultura ruim pode ter uma série de consequências negativas, que vão desde a baixa produtividade até o mau atendimento e mau relacionamento com o cliente. Mas também pode causar grandes problemas regulamentares e sociais. Mesmo que, como no caso da Uber, a maioria dos clientes ame a empresa, isso conta muito pouco se a instituição reguladora não confiar na organização e suspeitar de sua cultura e seus valores, especialmente nos casos em que essa instituição tem o poder de revogar licenças de operação! Clientes e reguladores estão cada vez mais atentos à forma como uma empresa se comporta e como trata seus funcionários, bem como ao propósito e aos valores que estão no coração de uma organização.

Na economia de hoje, uma "marca" é realmente o resumo da forma como toda uma empresa opera. Qual é a ideia que está no centro do negócio? E como isso é evidenciado na maneira como a empresa trata seus funcionários, clientes e parceiros?

A Rolls-Royce (tanto no setor automobilístico como no aeronáutico) não seria a marca mais respeitada e altamente valorizada que é hoje em dia sem que seus proprietários investissem enormes quantias no desenvolvimento de produtos e serviços. Os clientes acreditam que a Rolls-Royce (em todos os setores em que opera) é sinônimo de qualidade e excelência em engenharia, mas isso não duraria muito se os carros dessem defeito continuamente, se seus motores de turbina começassem a funcionar mal ou se os clientes recebessem um serviço ruim. Reputações podem ser construídas ou mesmo melhoradas, mas não podem ser falsificadas (pelo menos não por um longo período de tempo). O Metro Bank — o primeiro novo banco a aparecer no mercado britânico em mais de cem anos — é capaz de oferecer sua marca única de atendimento ao cliente porque trata bem seus funcionários e tem sistemas projetados para capacitar (ao contrário de restringir) um grande serviço. O Metro Bank garante que tudo o que faz esteja focado em oferecer uma experiência de serviço diferenciada.

Usar sua marca como um curativo para encobrir um mau negócio geralmente é contraproducente. O que funciona é usar um bom negócio para consertar uma marca ruim (ou defeituosa). Conserte a marca e ela poderá, muitas vezes, ampliar e acelerar o crescimento. O setor automotivo fornece alguns grandes exemplos práticos disso. Vamos começar com um dos mais audaciosos, a Skoda.

CONSERTANDO MARCAS QUE FALHARAM

A Skoda Auto era uma empresa privada tcheca fundada em 1895. Em 1925, tornou-se uma empresa pública (sob o regime comunista) e, na década de 1980, exportava uma variedade de automóveis baratos para toda a Europa. Também é justo dizer que, nessa época, a maioria dos mercados da Europa Ocidental considerava a Skoda como um símbolo de tudo o que estava errado no regime comunista. Os carros, embora baratos e acessíveis, eram, por padrões comparativos, horríveis. De má qualidade, antiquados, não confiáveis e lentos, talvez sua única qualidade redentora fosse que eram relativamente fáceis de consertar. Claro que, para algumas famílias, o Skoda oferecia uma opção automobilística acessível. Mas, no fim da década de 1980, mesmo esse diferencial estava sendo superado pelos modelos básicos dos melhores fabricantes. Os Skodas eram geralmente tratados com escárnio e, no Reino Unido, eram considerados uma espécie de piada nacional. Posteriormente, em 2000, a Skoda foi adquirida pelo grupo Volkswagen e as coisas começaram rapidamente a mudar.

A Volkswagen pretendia torná-la uma marca que pudesse competir no segmento popular, mas que não manchasse a imagem de alta qualidade da Volkswagen. Ela queria também uma marca que fosse bem conhecida em toda a Europa Central e Oriental. A Volkswagen percebeu que poderia explorar a reputação da Skoda em relação a preço e, em seguida, usar sua própria experiência para abordar diretamente as questões de produto e fabricação. A estratégia provou ser um enorme sucesso. A Volkswagen começou a usar plataformas e ferramentas mais antigas de seus estoques e, em apenas alguns meses, o produto foi transformado. A Volkswagen apenas deu um pequeno suporte à Skoda, mas os clientes espertos sabiam o que estava acontecendo. Em apenas alguns anos (nada em termos automotivos), a Skoda passou de uma piada nacional a um produto comprado por quem levava em consideração o valor e era bem informado. Agora, ela representa um negócio justo, com engenharia e design confiáveis e tecnologia bem estabelecida a um preço acessível e altamente competitivo.

A Volkswagen também fez algo semelhante com a SEAT, a fabricante espanhola de automóveis. A SEAT começou com uma reputação muito melhor do que a Skoda, mas, quando a Volkswagen comprou a empresa, conseguiu usar seu peso e seus recursos para melhorar tanto a qualidade como a atratividade geral dos carros. A SEAT, já imbuída de um certo toque latino, proporcionava um meio de alcançar clientes e mercados que estavam desinteressados pela marca Volkswagen, achando-a um pouco alemã demais ou pouco empolgante.

Em ambos os casos, a Volkswagen não fez nenhum alarde sobre a nova aquisição. Ela entrou silenciosamente e consertou esses negócios, deixando os produtos (os carros) fazerem a maior parte do trabalho pesado, e não demorou muito para que o mercado percebesse que algumas grandes mudanças tinham ocorrido. Um bom negócio tinha proporcionado um novo contexto no qual essas marcas estabelecidas, mas com fraco desempenho, podiam ser reavaliadas. Elas agora estão prosperando e desempenham um papel estrategicamente importante dentro do quadro mais amplo de marcas da Volkswagen.

O mesmo padrão foi repetido com a fabricante italiana de motocicletas Ducati, muitas vezes considerada a "Ferrari" das motocicletas. A Ducati era famosa pelo design único de seus motores potentes e carismáticos, assim como pela beleza de suas motos que, no entanto, eram notoriamente frágeis. Orçamentos pequenos e limitados de pesquisa e desenvolvimento (P&D) resultaram em motocicletas pouco confiáveis e "nervosas". Tudo isso mudou quando a Ducati passou a fazer parte da filial Audi da Volkswagen. Dinheiro e experiência foram usados para corrigir os problemas de confiabilidade, e o negócio expandiu-se significativamente com a introdução de novos modelos voltados para novos nichos exploráveis.

O RETORNO DO EDITOR-CHEFE

Às vezes, o retorno de um fundador já é o suficiente para reacender uma marca antes bem-sucedida. Isso porque a marca e o negócio não devem ser separados. A Apple e a Starbucks são duas empresas que foram revigoradas pelo regresso de seus fundadores. O regresso de Steve Jobs à Apple anunciava um retorno ao seu padrão de sucesso. Jobs rapidamente percebeu que, para o negócio ser bem-sucedido, precisava se concentrar em apenas alguns produtos inovadores e defender uma experiência de usuário intuitiva. Isso, combinado com uma aversão à mediocridade, foi suficiente para recuperar a reputação da que é hoje uma das empresas mais valiosas do mundo. Da mesma forma, o regresso de Howard Schultz em 2008 levou a Starbucks a redefinir efetivamente suas atividades. A Starbucks estava prejudicando seu negócio e sua marca. Ao fechar lojas não rentáveis e redirecionar a atenção para o que era característico na empresa, tanto para funcionários como para clientes, a Starbucks começou a se recuperar.

No mercado de hoje, uma marca não é vista como algo separado ou distinto do negócio que representa. Eles são, de fato, parte integrante um do outro. Tentativas de usar a identidade da marca e a publicidade como uma forma de enganar os clientes em uma compra ruim provavelmente serão insustentáveis e contraproducentes. Ao mesmo tempo, se você tiver um bom negócio e puder aplicar essa virtude a outro negócio ou marca com desempenho abaixo do esperado, você provavelmente será capaz de acelerar o crescimento e o valor de seu negócio.

Uma marca é o que uma marca faz.

LEITURA ADICIONAL

Skoda Has the Last Laugh. Disponível em: <www.telegraph.co.uk/motoring/columnists/neil-lyndon/7922478/Skoda-has-the-lat-lat-laugh.html>.

MITO 4

A TECNOLOGIA ESTÁ DIMINUINDO O PODER DAS MARCAS

A tecnologia não está desafiando o poder das marcas, mas sim transformando os mercados, os negócios e mudando profundamente a prática de construção de marcas.

É comum o argumento de que a tecnologia está diminuindo rapidamente o poder das marcas. A tese é a de que a tecnologia está minando a necessidade de nos conectarmos ou nos identificarmos com as marcas que preferimos e que, à medida que a inovação tecnológica continua a acelerar, haverá pouco espaço ou necessidade para que uma marca exista. Já não precisamos que a escolha seja simplificada pelas marcas; a tecnologia pode fazer isso por nós.

É fácil perceber por que esse argumento chama atenção. As marcas, afinal de contas, existem para facilitar a escolha. Historicamente, as marcas têm atuado como um atalho, uma representação para um produto ou serviço muito confiável. Agora que é possível usar a tecnologia, ou mais especificamente a internet, para fazer comparações quase instantâneas entre produtos e serviços, qual é a função que uma marca realmente tem? Já não precisamos de uma marca para simplificar a escolha; os clientes podem fazê-lo com apenas alguns cliques. Em uma situação em que os clientes podem comparar preços, características, qualidade, desempenho e confiabilidade, então as marcas certamente estão fundamentalmente enfraquecidas? Afinal de contas, veja o que está acontecendo no mercado. As marcas de varejo bem estabelecidas e geralmente muito apreciadas estão desaparecendo quase de um dia para o outro. Há uma década, teria sido impensável imaginar que uma marca global como a Toys R Us pudesse desaparecer, aparentemente incapaz de encontrar uma forma de tornar seu negócio rentável e exitoso diante de uma nova onda de concorrentes digitais.

Aqueles que acreditam no desaparecimento das marcas acolhem bem o que veem como a emergência do produto como rei. Agora que os clientes estão verdadeiramente empoderados, o argumento diz: tudo o que realmente importa é a integridade do produto e a disposição (ou não) de um cliente em aceitá-lo.

Por mais interessante que tudo isso possa parecer, está fundamentalmente errado.

MARCAS COMO FORMA DE AUTOEXPRESSÃO

Como já apontamos em capítulos anteriores, as marcas existem porque as pessoas gostam e se identificam com elas. Comprar algo em uma economia moderna continua sendo uma forma de autoexpressão. Quer você goste ou não, quando compra um produto ou serviço, está exercendo escolha em favor de uma coisa sobre a outra, está tornando suas preferências pessoais conhecidas pelos outros, e as pessoas (goste você ou não) estão fazendo suposições sobre quem pensam que você é. Como consequência, a nossa relação com as marcas é emocional. O poder delas está na capacidade de ocupar um espaço único em nossas mentes. Esse espaço pode ser menor do que em outros tempos, mas, ainda assim, é incrivelmente valioso. Um conjunto claro de associações positivas que residem exclusivamente na mente do cliente é difícil de substituir e difícil de copiar.

A NECESSIDADE PERMANENTE DE OBTER RELEVÂNCIA E SE DESTACAR

Não há dúvida de que a tecnologia está tornando os mercados mais competitivos e perturbando muitos modelos de negócios estabelecidos, mas há pouca evidência de que esteja destruindo marcas. Aqueles que evidenciam o desaparecimento de nomes antes reverenciados como prova da rápida diminuição do poder das marcas estão realmente apenas destacando que uma marca (por mais forte ou ilustre que seja seu passado) é incapaz de salvar um negócio em dificuldades. Empresas como Woolworths, Toys R Us, BHS e Maplin são exemplos de organizações que tiveram dificuldade para mudar com rapidez suficiente diante de um ambiente em constante disrupção e uma infinidade de novos concorrentes. As marcas, pelo contrário, são tão importantes e relevantes como sempre foram. Os opositores alegarão que, uma vez que o papel de uma marca consiste em diferenciar o produto ou serviço de uma empresa dos de seus concorrentes, a tecnologia está minando a própria base em que as marcas são construídas. A facilidade com que as marcas podem ser comparadas, aliada à enorme demanda de tempo que a tecnologia exige de nós, deixa pouco espaço para que as marcas afirmem sua singularidade. O melhor que uma marca pode esperar agora é ser distintiva. Nesta era de promiscuidade em relação às marcas, em que estas nos incentivam continuamente a trocar, tudo o que uma marca pode fazer é tentar ser fácil de encontrar e de fazer negócios.

Por mais lógico que tudo isso pareça, não resiste a um maior escrutínio. Em muitos tipos de produtos ou serviços, é discutível se os clientes já passaram muito tempo em profunda reflexão sobre as diferenças relativas entre marcas — ao comprar uma lata de grãos, uma barra de chocolate ou ao decidir onde comprar um café, os clientes sempre tenderam a gravitar em direção a marcas que consideram distintas e familiares. Por outro lado, quando os clientes estão considerando um produto de preço elevado ou uma compra planejada, por exemplo, de um automóvel ou um equipamento de áudio, estão naturalmente mais envolvidos no processo (uma vez que as consequências são mais dolorosas, caso eles tomem uma decisão errada); por conseguinte, muitas vezes, levam mais tempo refletindo sobre os verdadeiros pontos de diferenciação entre marcas.

Não há dúvida de que a tecnologia tornou os mercados mais competitivos e o papel do varejista, mais complexo, mas há poucos indícios de que a prática da marca esteja sendo abandonada ou de que o número de marcas esteja diminuindo. Na verdade, como veremos, o inverso parece ser verdadeiro.

MARCAS SIGNIFICATIVAS GERAM MAIORES RETORNOS

Nos últimos anos, o Grupo Havas vem realizando sua "Pesquisa de Marcas Significativas". Essa pesquisa analisa o desempenho de marcas que são consideradas pelos clientes como mais significativas do que outras que operam na mesma categoria. O Havas afirma que: uma marca significativa é definida por seu impacto em nosso bem-estar pessoal e coletivo e por seus benefícios funcionais.

A pesquisa anual revelou que as marcas consideradas mais significativas do que seus concorrentes conseguem, em média, um aumento de nove vezes na participação na carteira do cliente e superam a média do mercado de ações em 206 por cento. Ao contrário da tese dos pessimistas, parece que os clientes valorizam mais as marcas que procuraram ativamente construir significado e integridade na forma como fazem negócios, e não apenas dar-lhes algo mais eficiente ou barato.

A TECNOLOGIA ESTÁ CATALISANDO A CRIAÇÃO DE NOVAS MARCAS

Em vez de diminuir as marcas, a tecnologia parece ter anunciado uma nova geração de marcas interessantes e disruptivas. Curiosamente, muitas das celebradas empresas de tecnologia — Google, Amazon, Apple, Samsung, Facebook e Twitter — parecem ter investido pesado na construção da marca. Na verdade, um dos primeiros conselhos dados a qualquer nova marca de tecnologia que busque investimento inicial é garantir que tenha sua "história" estabelecida. Uma expressão convincente e concisa de seu propósito e benefício final é vista como fundamental para aqueles que buscam novas oportunidades de investimento.

Em muitos casos, a tecnologia reduziu as barreiras tradicionais à entrada no mercado e ajudou os novos participantes a reimaginarem completamente o modelo de cliente. Essa disrupção ocorreu igualmente nos mercados empresarial e de consumo. Um grande número de marcas foi criado e incorporado na psique do cliente.

Assistimos à ascensão das marcas intermediárias, ou seja, dos negócios que cresceram rapidamente ao agregar conteúdo ou produtos de outros. Em todas as categorias, como serviços financeiros, seguros, viagens aéreas, férias, transporte e entretenimento, temos visto a chegada de marcas como moneysavingexpert.com, comparethemarket.com, expedia.com, opodo.com, trivago.com, trainline.com e stubhub.com. Essas marcas estão ajudando os clientes a entenderem a enorme variedade de escolha que existe no mercado; elas representam uma combinação de conselheiro de confiança e agregador de pesquisa especializada.

Outras empresas reimaginaram completamente setores inteiros. Netaporter.com, lyst.com e asos.com são exemplos de empresas que transformaram a moda *premium* e *mainstream*, tornando o processo altamente personalizado e livre de atritos. Farfetch.com transformou completamente o acesso à alta costura, atuando como um canal para centenas de boutiques individuais, proporcionando aos clientes a possibilidade de comprar de qualquer uma delas em qualquer lugar do mundo.

A mesma revolução está em curso no setor empresarial. Mesmo os serviços de terceirização profissional, um setor que até pouco tempo tinha se revelado obstinadamente resistente às disrupções, está agora vendo uma infinidade de novas marcas entrar no mercado. O escritório de advocacia londrino Lewis Silkin lançou recentemente um novo negócio de consultoria de baixo custo, o Rockhopper, que utiliza tecnologia para oferecer às grandes empresas consultoria de recrutamento de alta qualidade a preços altamente competitivos. A Market Invoice é uma *fintech* especializada em financiar faturas para empresas que estão enfrentando dificuldades com o fluxo de caixa. Uma vez que seja aceita pela Market Invoice, uma empresa pode utilizar seus serviços (ao contrário dos prestados por um banco tradicional) de uma forma altamente flexível. Se você digitar "*crowdfunding*" no Google, será imediatamente apresentado não só a uma lista das dez principais marcas de *crowdfunding*, mas também a crowdfunding.com, um negócio que agrega as melhores plataformas de angariação de fundos!

Quase sem exceção, cada uma dessas marcas (e essas são apenas algumas entre milhares) leva muito a sério a prática de branding. Cada uma está tomando medidas para estender e aprofundar as relações que têm com seus clientes. Nenhuma dessas empresas se vê como "websites"; todas elas são marcas totalmente realizadas que competem diariamente pelo interesse e dinheiro dos clientes.

A TECNOLOGIA ESTÁ PROPORCIONANDO NOVAS OPORTUNIDADES PARA OS PROPRIETÁRIOS DE MARCAS

Longe de diminuir as marcas, a tecnologia, muitas vezes, ajuda a promovê-las. Há alguns anos, a McKinsey publicou seu tão admirado modelo de "ciclo de fidelidade", descrevendo a jornada de vendas que qualquer cliente faz desde a conscientização até a compra e depois a recompra de qualquer produto ou serviço. Esse modelo afirmava que um dos maiores impactos da tecnologia nas marcas estava na visão tradicional do "funil de compra". Antes da transformação digital dos últimos dez anos, as grandes empresas tendiam a estruturar sua atividade de marketing em torno de um funil de compra. A tarefa inicial era criar níveis significativos de *brand awareness*, ou seja, de percepção ou consciência do consumidor em relação à marca, depois persuadir o cliente a considerar sua marca, depois fazer com que ele preferisse você e, finalmente, persuadi-lo a comprar sua marca. Diferentes empresas tinham versões diferentes do funil, mas o ponto principal era que o processo era definitivamente um funil; linear e baseado na capacidade do cliente médio de manter (para a maioria das categorias) cinco ou seis marcas em sua memória. Com o impacto do digital, a McKinsey argumentou que esse funil tinha se tornado um ciclo.

Enquanto um cliente pode começar (em uma determinada categoria) conhecendo apenas algumas marcas, assim que ele ou ela começa a pesquisar na web, é quase certo que o conjunto de marcas consideradas dobre imediatamente. O cliente passa a contar com um novo conjunto de marcas e provavelmente usará uma combinação de rankings e endossos de terceiros como forma de alcançar sua lista preferida. Nesse ponto, as marcas preferidas devem estar trabalhando duro para incentivar e converter o potencial cliente. Uma vez que o cliente tenha comprado a marca, essa deve então fornecer uma combinação de atributos emocionais e funcionais para que ele possa recomprar e defender sua compra para outros, fechando assim o ciclo.

Acontece que a tecnologia está realmente aumentando a oportunidade de mais marcas entrarem no conjunto de considerações e, de certa forma, está pedindo às marcas que contem uma história mais profunda e rica do que antes. Sim, o produto precisa ser adequado à finalidade e o preço deve ser competitivo, mas a descoberta, os recursos aprimorados e as oportunidades de que seus clientes se tornem defensores da marca precisam ser levados em conta na experiência geral do cliente. Tudo isso contribui para a crescente importância de ser capaz de "contar" sua história. A tecnologia está mudando os negócios e pedindo mais de quem trabalha com marketing, mas também está fornecendo terreno fértil para a criação de novas e empolgantes marcas.

SE PARECE UMA MARCA...

Talvez se possa argumentar que muitas das maiores marcas de tecnologia não são realmente marcas. Google e Facebook podem "parecer" marcas, mas na realidade estão apenas operando como entidades monopolistas atrativas, trabalhando arduamente para distrair sua atenção do fato de que você não tem nenhuma escolha real percebida. Na realidade, isso é impreciso. Google, Facebook e muitas outras marcas de tecnologia adquiriram suas posições por meio de trabalho árduo e forte apelo ao cliente. O Google tornou-se o maior sistema de busca do mundo porque era um algoritmo muito melhor do que tudo o que houve antes. O Facebook passou por muitas mudanças antes de se tornar a plataforma abrangente que vemos hoje. Tanto o Google como o Facebook têm, realmente, um grande número de marcas concorrentes lutando por sua atenção, e os usuários mais esclarecidos (ou mais jovens) procurarão deliberadamente alternativas ao Google e ao Facebook. O que essas duas marcas têm feito, no entanto, é usar os dados que coletaram para construir rendimentos impressionantes e um domínio de mercado quase intransponível.

AS MARCAS SÃO UTILIZADAS PARA PRESTAR CONTAS COM AS EMPRESAS

Para aqueles que ainda acreditam que as forças irrefreáveis da tecnologia estão enfraquecendo as marcas, afirmamos que podem ser as próprias marcas que nos ajudam a fazer um novo acordo com as empresas de tecnologia. Uma característica das marcas globais altamente bem-sucedidas é que elas raramente são ignoradas. Na verdade, muitas vezes, acabamos por manter as grandes marcas em um nível de consideração mais elevado do que seus concorrentes menos conhecidos. Talvez seja isso que estamos começando a testemunhar agora. Clientes e instituições reguladoras estão começando a perceber o poder dessas marcas e a influência que elas exercem atualmente. Google e Facebook, em conjunto, recebem 75 por cento de todas as novas receitas de publicidade on-line. O Facebook permitiu o acesso de terceiros a enormes quantidades de dados de clientes, com profundas implicações no que vemos e com o que interagimos enquanto estamos na plataforma. Essas marcas argumentarão que não fizeram nada de errado e que provavelmente estão agindo de acordo com regulamentos e leis, mas precisam se preocupar com o sentimento do cliente. À medida que aprendemos a navegar nesse novo mundo, Google e Facebook serão, sem dúvida, submetidos a um maior nível de escrutínio público, mas esse é também o poder que as marcas têm; são um espelho para nós mesmos.

A tecnologia não está diminuindo o poder das marcas, mas certamente está mudando a forma como elas são gerenciadas. A marca (em oposição ao marketing) passou de uma esfera passiva para uma esfera ativa. O CEO é agora mais bem visto como o gerente de marca mais sênior — um editor-chefe — com o conselho sendo algo mais parecido com um painel editorial.

As marcas são poderosas porque ajudam a gerar demanda e a criar lealdade. Funcionam porque estão intimamente ligadas à autoexpressão. A tecnologia não mudou isso. A tecnologia não está desafiando o poder das marcas; está rompendo mercados, formando negócios e alterando profundamente a prática de construção de marcas.

LEITURA ADICIONAL

"Apocalypse Now for Britain's Retailers as Low Wages and the Web Cause Ruin". Disponível em: <www.theguardian.com/business/2018/feb/17/uk-retail-industry-gloom-high-street-shift-consumers>.

"Meaningful Brands 2017". Disponível em: <https://havasmedia.com/meaningful-brands-reap-greater-financial-rewards/>.

McKinsey Quarterly, 2009. Disponível em: <www.mckinsey.com/business-functions/marketing-and-sales/our-insights/the-consumer-decision-journey>.

MITO 5

O BRANDING SE TRATA APENAS DE LOGOTIPO E PUBLICIDADE

Toda uma cadeia de experiências que moldam percepções e preferências cria marcas.

De todos os mitos, esse talvez seja o mais duradouro, e provavelmente o mais prejudicial para uma percepção do que é uma marca e das diferentes disciplinas envolvidas em sua criação.

É fácil entender como ele surgiu. O logotipo e o tradicional comercial de trinta segundos na televisão ou o grande outdoor à beira da estrada são os elementos mais óbvios e perceptíveis da identidade de qualquer marca. Eles também são os que tendem a ser mais comentados na mídia, que gosta de se concentrar nas partes óbvias de uma marca, pois isso torna mais fácil discuti-las com seus telespectadores ou leitores. O branding é muitas vezes associado com as obscuras artes de persuasão praticadas por executivos de publicidade em conjunto com designers gráficos e profissionais de relações públicas. A série de TV extremamente divertida e popular *Mad Men* provavelmente só reforçou os preconceitos de seus telespectadores de que a publicidade e os logotipos são o que realmente criam marcas.

É claro que os logotipos são extremamente importantes, tal como a publicidade, mas eles não são tudo o que inclui a marca. Os proprietários de marcas não ajudam em relação a uma maior percepção do que é necessário para construir uma marca quando fazem um grande lançamento cada vez que mudam o logotipo ou estreiam uma nova campanha publicitária e descrevem o que estão fazendo como criação ou mudança da marca.

O PAPEL DOS LOGOTIPOS E ANÚNCIOS

Em primeiro lugar, porém, temos de reconhecer a importância fundamental que o logotipo desempenha na construção de qualquer marca. O objetivo fundamental das marcas é diferenciar-se para que seja protegida por lei. Isso é em benefício de seu proprietário e de seu consumidor. O nome da marca e o logo ou logotipo que a acompanham são, por isso, um elemento fundamental de qualquer marca. É também o ativo, a peça de propriedade intelectual que é efetivamente comercializada quando uma empresa vende sua marca a outra.

Em segundo lugar, devemos também reconhecer que, no passado, e em particular na época em que *Mad Men* se estabeleceu — os anos 1950, 1960 e 1970 —, a diferenciação das marcas surgiu de uma projeção artificial de uma personalidade ou conjunto de imagens e valores em um produto basicamente inerte. A equação tradicional usada para explicar como as marcas "funcionavam" era:

$$P + I = M$$

Ou seja, produto mais imagem é igual a marca. Isso funcionaria para qualquer bem de consumo embalado. Assim: pasta de dentes (produto) mais confiança (imagem) é igual a Colgate. A imagem foi projetada no produto por meio da embalagem e da publicidade; a "confiança" não era uma característica intrínseca do produto, embora suas características (fluoreto etc.) e benefícios (hálito fresco) fossem responsáveis por sustentar ou justificar o sentimento de confiança.

Dado também que a maioria das nossas interações diárias com as marcas será com algum tipo de produto embalado, publicidade em outdoors ou em revistas ou até mesmo em sua página do Facebook, a importância de logotipos diferenciados e característicos e da publicidade diferenciada e consistente é clara. Além disso, 75 por cento das decisões de compra dos consumidores são tomadas no ponto de venda, de acordo com a pesquisa realizada pelo The Henley Centre em 2001, que tem se mantido em grande medida inalterada. Os sinais que nos levam a comprar no ponto de venda tendem a ser os visuais — o aspecto e a sensação da embalagem, um slogan ou a publicidade envolvente que promove uma determinada imagem ou benefício.

Porém, a publicidade também é importante para as empresas. É por isso que a SAP e a Accenture realizam campanhas de alto nível em locais públicos como aeroportos. Elas sabem que seus clientes atuais e futuros as verão. Isso tranquiliza as pessoas quanto a sua força e capacidade. A suposição é que, se você pode pagar uma grande campanha de mídia outdoor, você deve ser muito bem-sucedido ou pelo menos ter abundantes recursos financeiros.

Então, sim, logotipos e publicidade são de vital importância na construção da marca. Mas mesmo que o branding tenha sido simplesmente construído por meio de expressões externas ou extrínsecas da marca, a publicidade e os logotipos por si só não são suficientes.

HÁ MAIS DO QUE APENAS UM LOGOTIPO NA IDENTIDADE DE UMA MARCA

Há muito mais elementos para gerir a identidade da marca do que o logotipo e uma campanha. Muitos desses elementos são, em si mesmos, passíveis de proteção por lei, como marcas registradas — supondo, é claro, que os proprietários das marcas usem esses outros elementos de forma consistente e tenham solicitado o registro. Continua a ser verdade que você só pode possuir legalmente aquilo que tentar registrar e utilizar de forma consistente.

A embalagem, por exemplo, pode ser um diferenciador legal importante, bem como uma parte distintiva de sua marca. A imagem da Budweiser está relativamente inalterada ao longo de décadas de gestão da marca, o que tem beneficiado a *King of Beers* (também marca registrada). Os gráficos, as fontes e as cores são tão reconhecíveis hoje como eram há cinquenta anos.

A forma da garrafa de Coca-Cola, que foi desenhada exclusivamente para a empresa, é por si só objeto de registro de marca. Isso significa que nenhum outro fabricante de bebida de cola ou qualquer outro fabricante de refrigerante pode imitar o aspecto único da garrafa de Coca-Cola. De fato, a ideia de ter uma forma muito distinta para a garrafa surgiu precisamente devido ao receio de que a bebida pudesse ser facilmente reembalada e vendida sob um nome diferente por distribuidores sem escrúpulos. Douglas Daft, o lendário e visionário CEO da Coca-Cola durante seu crescimento explosivo nas primeiras décadas do século XX, percebeu que, ao criar e investir em uma garrafa que seria difícil para os distribuidores recriarem e que custaria muito dinheiro para fazê-lo mesmo que quisessem, poderia proteger os interesses tanto da empresa como de seus consumidores.

No Capítulo 18, referimo-nos à batalha entre os varejistas e as marcas. Um dos principais resultados dessa batalha é que os proprietários de marcas como a Nestlé investem mais fortemente em embalagem diferenciadas, tais como a forma de seus vidros de café, que poderiam então ser protegidos como marca registrada. Isso não só ajuda a distinguir os produtos nas prateleiras dos de seus concorrentes, como também sugere um produto de valor *premium* ou de qualidade superior. Deu-lhes, fundamentalmente, uma verdadeira arma jurídica na batalha contra o que consideravam ser "imitações" dos varejistas.

Assim, a embalagem, e a embalagem do produto em particular, é também uma parte fundamental da "maquiagem" de uma marca, assim como os slogans com os quais nos familiarizamos. Para a Coca-Cola, "Isso é que é!" foi durante anos um slogan famoso associado apenas à marca. Há muitos mais que você já deve ter ouvido falar: "Amo muito tudo isso"; "Energia que dá gosto"; "Cuide-se". Alguns deles já não existem; a Coca-Cola, por exemplo, utiliza agora o "Sinta o sabor", mas esses slogans continuam a ser partes tão importantes das identidades de suas marcas que ninguém pensaria em utilizá-los para qualquer outra coisa.

Não só a embalagem, mas também as formas do design do produto podem ser marcas registradas e tornar-se parte dos elementos próprios da marca. A forma do Mini tem sido semelhante desde que ele saiu da fábrica pela primeira vez na década de 1960. Muitos carros compartilham plataformas de engenharia muito semelhantes e, muitas vezes, design exterior muito semelhantes. Às vezes, apenas o emblema da marca na grade dianteira do carro ou uma ou duas outras características menores distinguem um carro de outro. No entanto, o Mini é genuinamente único e sua forma é tão distinta que não pode ser copiada ou quase copiada de maneira alguma. É uma parte integrante legalmente reconhecida da marca Mini.

As cores também podem ser marcas registradas. A cor específica da embalagem de feijão cozido Heinz é uma marca registrada. A citação do registro da marca indica que a marca "consiste no fato de a cor turquesa ser a cor dominante aplicada à embalagem exterior visível dos produtos". A Heinz conseguiu provar que os consumidores consideravam a cor turquesa tão característica da Heinz que ficariam confusos se um concorrente que vendesse os mesmos produtos ou produtos semelhantes também utilizasse a cor. Esse "caráter distintivo adquirido pelo uso" (a expressão jurídica) permitiu à Heinz registrar sua cor como marca registrada. A cor púrpura era tão importante para a Cadbury que a empresa teve algum sucesso em 1995 ao patenteá-la no Reino Unido como marca registrada de suas barras de chocolate. A Nestlé logo contestou esse registro.

Mesmo os cheiros podem ser registrados e protegidos na utilização de marcas específicas porque fazem parte da "maquiagem" distintiva dessa marca. O cheiro de "jasmim aplicada à linha" foi patenteado como marca registrada nos Estados Unidos pela Osewezy, uma empresa californiana que fabricava linha para bordar em 1990, embora tenha entrado em decadência desde então. A Verizon, empresa de telecomunicações, registrou um "cheiro a almíscar florido" para suas lojas. Em 1996, o Reino Unido aprovou o primeiro registro de marca olfativa à empresa japonesa Sumitomo Rubber Co por "uma fragrância ou cheiro similar ao de rosas aplicado aos pneus" e, também no Reino Unido, o cheiro de cerveja nas penas para dardos da Unicorn Products, um fabricante de equipamento desportivo sediado em Londres. Existe alguma controvérsia quanto ao grau de segurança de tais registros devido à dificuldade de capturar com precisão um cheiro distintivo em palavras (uma marca registrada deve ser capaz de representação gráfica). No entanto, mostra que as empresas estão conscientes de que os consumidores usam mais sentidos do que a visão, o tato e o paladar na escolha de suas marcas.

Até a música se tornou uma parte essencial da marca. O famoso som da assinatura da Intel foi amplamente creditado como o lançamento do conceito de *audiobranding*, a ideia de que um som distinto pode ser registrado e usado para criar familiaridade, memória e preferência por uma marca específica. Jingles têm sido usados por muitos anos por proprietários de marcas para criar uma conexão memorável e emocional com seu público-alvo e para ajudar a reforçar a *brand awareness*. Muitos de nós ainda temos grudados na cabeça, como um chiclete, jingles que ouvimos quando jovens: "Pipoca e Guaraná" e "Dois hambúrgueres, alface, queijo, molho especial, cebola e picles num pão com gergelim". A marca de charutos Hamlet até mesmo fez uma requisição, com sucesso, para ter a *Ária na corda Sol*, de Bach, protegida exclusivamente para utilização na publicidade de sua marca.

Gestos também podem ser registrados como marcas, embora seja raro. Gene Simmons, da banda Kiss, solicitou recentemente a patente de um gesto de mão como uma marca. A Compumark, empresa de pesquisa e proteção de marcas registradas, relatou isto:

> Em 1996, o lutador profissional americano Diamond Dallas criou o gesto da mão "cortador de diamantes" — que envolvia juntar os polegares e os dedos indicadores em cada mão para criar uma forma de diamante — e mais tarde passou a comercializá-lo com sucesso. Quando o rapper Jay Z adotou um gesto semelhante quase uma década atrás, Diamond Dallas entrou com uma ação judicial contra ele com base na violação de marca registrada, e o caso foi finalmente resolvido fora do tribunal por uma quantia não revelada.

Proteger esses gestos perante a lei é importante para manter a integridade da marca e garantir que sua presença seja constantemente reconhecida. Incentivar os consumidores a copiarem esses gestos no cotidiano também é uma forma de criar mais publicidade e reconhecimento para sua marca gratuitamente. Assim, todos esses aspectos, e outros, da identidade e imagens da marca e atributos associados e extrínsecos são importantes para sua construção — não apenas o logotipo e a publicidade.

AS MARCAS SÃO CONSTRUÍDAS POR MEIO DE UMA CADEIA DE EXPERIÊNCIAS

No entanto, todos esses elementos da gestão da identidade de uma marca são apenas a ponta de um iceberg. Mais importante para os consumidores ou clientes é a experiência que a marca promete. A falha em entregar e desenvolver essa experiência de forma consistente e relevante pode destruir uma marca. A Kodak não cessou suas atividades porque seu logotipo parecia ultrapassado, mas porque seus produtos já não eram relevantes. O mesmo se aplica à Woolworths e a outros varejistas que não conseguiram adaptar-se rapidamente à mudança de comportamento dos consumidores, assegurando que sua experiência de marca correspondesse às promessas que fizeram uma vez. As marcas agora são construídas de maneiras muito diferentes do que nos tempos de *Mad Men*. Hoje, são construídas com a entrega consistente de experiências reconhecíveis e, muitas vezes, notáveis em todos os pontos de contato que um cliente ou consumidor pode ter com a marca. Esses incluem o estilo de serviço, o método de distribuição e a experiência de venda e pós-venda. Tudo isso agora é parte integrante da construção da marca. Em grande parte porque as marcas já não são apenas produtos de consumo (como discutiremos no Capítulo 18). Se você pensar sobre as marcas que experimentamos hoje, como Amazon, Starbucks, Google, Facebook, YouTube ou até mesmo Apple, elas não são marcas construídas de nenhuma maneira em torno de um único item embalado comprado em uma prateleira de supermercado. E, embora os logos de cada uma dessas marcas continuem a ser essenciais e fundamentais para elas, o papel da publicidade tradicional pode variar muito e pode, na realidade, não ter qualquer relevância.

VOCÊ PODE NÃO PRECISAR DE PUBLICIDADE EM TUDO

A Amazon fez sua marca crescer não por meio do investimento em publicidade tradicional, mas com o investimento na experiência do cliente. Investiu fortemente no inventário para garantir que, no início, tivesse mais livros em estoque do que a maior livraria. Uma livraria tradicional pode armazenar cerca de trezentos mil livros se dispuser de instalações suficientes. Jeff Bezos decidiu que manteria um milhão de livros em estoque. Disseram-lhe nessa época que ele estava louco por fazer isso porque o fornecimento dessa quantidade de livros iria provavelmente paralisar seu negócio. Mais tarde, disse que o conselho que tinha recebido era simultaneamente correto — quase o paralisou — e errado, porque era também a criação do negócio. Quando as pessoas perceberam que podiam conseguir qualquer livro que quisessem na Amazon, o efeito do boca a boca foi enorme. E, porque estava on-line, as pessoas conseguiam enviar instantaneamente um link do site da Amazon para um amigo em vez de dar-lhes o endereço de uma loja que eles poderiam visitar na próxima vez que estivessem na cidade. Bezos continuou a investir fortemente na experiência do cliente, pois entendeu melhor como compramos e o que gostamos de comprar. O site é cada vez mais conveniente, cada vez mais rápido para encontrarmos e recebermos o que queremos. A compra com "um clique" foi uma parte essencial dessa experiência. Na construção da marca Amazon, a experiência foi se tornando o marketing. Só nos últimos anos, quase vinte anos depois de a Amazon ser inaugurada, é que eles começaram a fazer publicidade convencional. Simplesmente não era relevante o suficiente para a forma como a marca foi construída antes disso.

A Starbucks é semelhante. Seria muito difícil para qualquer um de nós recordar um anúncio de um café Starbucks. Existem alguns anúncios de produtos que ela vende agora em cadeias de supermercados, tais como suas marcas de frappé. Mas, como a Starbucks estava crescendo globalmente durante os primeiros anos do século XXI, ela simplesmente não fez propaganda, gastando menos globalmente em marketing, em termos tradicionais, do que a Procter & Gamble gastou em um produto em um único mercado consumidor em um ano. Isso porque Howard Schultz compreendeu que as expectativas dos consumidores em relação às marcas estavam mudando. Estamos agora dispostos a pagar um valor *premium* não por um benefício de produto ou por uma imagem de bem-estar associada, mas por uma experiência que nos dá um valor genuíno, psicológico e prático. Ele também compreendeu, como Bezos, que, se fosse boa, a experiência também seria o marketing. As lojas Starbucks tornaram-se não apenas cafeterias, mas "terceiros espaços", um lugar entre sua casa e seu local de trabalho onde você poderia ficar, relaxar, conversar ou até mesmo trabalhar em um ambiente que fosse amigável, acolhedor e onde você pudesse tomar café. Embora o café fosse essencial, Schultz sabia que era apenas parte da marca.

Mais uma vez, pense na Apple. Se você perguntar a uma pessoa o que ela mais associa à Apple, é improvável que seja a publicidade, mesmo que ela tenha produzido alguns anúncios icônicos no passado, incluindo o clássico anúncio do Super Bowl de 1984, que transformou as percepções não só da Apple, mas também da computação pessoal. É provável que as pessoas digam que associam a Apple a coisas como o iPhone, o iMac, o design diferenciado, às lojas, até mesmo ao design de embalagem branca minimalista e funcional, ou talvez ao iTunes.

É provável também que mencionem a Apple Store e especificamente as pessoas que trabalham para a Apple. Isso é importante porque, cada vez mais, as pessoas que representam a marca, especialmente as que estão na linha de frente nos canais de atendimento, estão impulsionando as percepções sobre ela. A percepção que muitas pessoas têm de uma companhia aérea, por exemplo, será impulsionada pela forma como ela é tratada pela tripulação de bordo e pelos funcionários no check-in. É por isso que a Southwest Airlines, a companhia aérea mais popular e mais lucrativa na história da aviação, coloca tanta ênfase no recrutamento do tipo certo de pessoas, que descreve como tendo "um espírito de guerreiro e um coração de servo". A importância das pessoas na construção de percepções de marca não pode ser subestimada.

De forma consistente, estudos realizados no Reino Unido e nos Estados Unidos revelaram que, em um questionário sobre o que fazia qualquer consumidor mudar de uma marca para outra, cerca de 66 por cento das razões apresentadas eram a atitude de um representante da marca ou empresa. Não importa o que você diga sobre si mesmo em sua publicidade ou projeto por meio do seu logotipo: se a pessoa que usa seu uniforme ou crachá tratar mal o cliente, é provável que esse cliente o troque por seu concorrente. Ele também contará ao maior número possível de pessoas, nas redes sociais, a experiência que teve. A United Airways teve problemas nos últimos anos quando perdeu a guitarra de um passageiro. Na verdade, a empresa não só perdeu, como também quebrou o instrumento. O que mais irritou seu proprietário, Dave Carroll, não foi o fato de a guitarra ter sido perdida, mas sim sua percepção de serviço incompetente e desinteressado que recebeu do pessoal da United, que se recusou a reembolsá-lo. Isso o levou a fazer um vídeo curto no YouTube chamado "United quebra guitarras", que se tornou viral, tendo vários milhões de visualizações. Um colunista do *The Times*, Chris Ayres, chegou mesmo a especular sobre o custo para a United de um serviço tão ruim: "Dentro de quatro dias após a música ter sido publicada on-line, as nuvens escuras do mau atendimento ao consumidor fizeram com que o preço das ações da United Airlines sofresse uma queda no meio do voo e caísse dez por cento, custando aos acionistas 180 milhões de dólares. O que, por acaso, teria comprado mais de 51 mil guitarras para substituir a de Carroll".

A CONSISTÊNCIA É VITAL PARA MANTER SUA MARCA

Vamos pegar outra marca que exemplifica essa natureza mutável daquilo que faz uma marca: uma varejista, que também desenha e fabrica produtos.

A Ikea é uma das marcas mais conhecidas do mundo. Suas lojas de armazém azuis são idênticas aonde quer que se vá, da China ao Canadá. Fundada por Ingvar Kamprad com o objetivo de criar "um cotidiano melhor para o maior número possível de pessoas", a Ikea tem agora quase quatrocentas lojas em todo o mundo e está bem encaminhada para seu objetivo de alcançar quinhentas lojas até 2020 e cinquenta bilhões de euros em receita. O sucesso da marca Ikea reside em seu desempenho superior em alguns momentos-chave da experiência do cliente durante todo o processo de compra. São momentos que agregam valor para os clientes e devolvem valor à empresa. Em primeiro lugar e acima de tudo, são os próprios produtos: eles são as manifestações do propósito da Ikea — design sueco acessível. São fabricados em grandes quantidades, o que significa que podem obter bons preços dos fornecedores. São vendidos em grandes quantidades a preços mais baixos. A estante de livros Billy é uma característica onipresente de casas em todo o mundo; uma é vendida a cada dez segundos. Todos os produtos da Ikea são vendidos da mesma forma em suas lojas idênticas. E eles não mudam significativamente de ano para ano nem de mercado para mercado. As pessoas visitaram essas lojas 915 milhões de vezes em 2016 e cada vez teriam tido uma experiência muito semelhante. Teriam seguido — como nós fazemos agora — o caminho que a Ikea decide: não se pode sair dos corredores numa loja Ikea. O ponto alto é a exposição da própria mobília. Para muitos de nós, a mobília Ikea nunca fica melhor do que quando está na loja. As lojas estão, muitas vezes, em locais fora das cidades, então os clientes podem levar algum tempo para chegar lá, e gostam de navegar nos corredores. Então, a Ikea oferece restaurantes e áreas familiares. Os restaurantes servem suas famosas almôndegas, que também são vendidas em formatos pré-embalados em uma pequena área de compras de alimentos próxima aos balcões de venda. A Ikea dá especial atenção ao que acontece nesses balcões. É fato que a parte mais estressante da viagem é, muitas vezes, a fila para pagar. Assim, logo após os balcões, há pequenas barracas de cachorro-quente e sorvete, ambas vendendo uma guloseima barata, o que significa que sua última lembrança, especialmente se você tiver levado seus filhos, é um sorvete agradável em vez da longa espera no caixa.

O site e o catálogo da Ikea são cruciais para seu marketing. Houve 2,1 bilhões de visitas ao site em 2016. O catálogo é outra assinatura da marca da empresa. Foram distribuídos mais catálogos da Ikea do que

Bíblias no mundo em 2012. A Ikea está tão consciente da importância de seu catálogo que já desenvolveu uma tecnologia que o valoriza. Agora é possível obtê-lo on-line e fazer o download por meio de um aplicativo no smartphone. Além disso, clicando em uma foto de uma peça de mobília que você queira e apontando a câmera de seu telefone para a parte da casa onde gostaria que ela ficasse, a imagem será projetada no cômodo. Assim, você pode ver exatamente como o móvel vai ficar em sua casa antes de ir até a loja para comprar.

A Ikea também está consciente da importância que seus colaboradores têm na construção da marca e dedica todos os esforços para garantir que eles sejam tratados de forma justa. Como a *Fast Company* relatou, "em 2014, a Ikea nos Estados Unidos usou a calculadora de salário do MIT para determinar o valor da hora para os funcionários de suas lojas, em vez de usar os valores locais. Como resultado, 33 das quarenta lojas aumentaram os salários e cinquenta por cento de sua força de trabalho receberam um aumento salarial em 2015". Funcionários felizes significam clientes mais felizes; é a filosofia da Ikea. E clientes felizes tornam-se defensores da marca e compram novamente.

Toda uma cadeia de experiências que molda as percepções e as preferências cria marcas. O logotipo é sempre fundamental; a publicidade é, muitas vezes, de importância crucial, mas, como vimos no caso da Starbucks, da Amazon, da Ikea e, como veremos no Capítulo 20, sobre a Primark, não é o essencial da marca. Jeff Bezos disse que uma marca é o que as pessoas dizem sobre você quando você não está na sala. E o que dizem tende a ser o resultado do que você diz e faz. No livro *Don't Mess with the Logo,* uma marca é definida "como tudo o que você diz e tudo o que faz". Para o criador de marcas moderno em um mundo multicanal em que as pessoas estão desejando experiências autênticas e envolventes, não é apenas a publicidade cativante, é importante lembrar que construir sua marca em tudo o que você diz e em tudo o que você faz é vital.

LEITURA ADICIONAL

Jon Edge e Andy Milligan. *Don't Mess with the Logo*. FT Prentice Hall, 2009.

MITO 6

AS MARCAS NÃO TÊM VALOR FINANCEIRO

As marcas criam valor econômico e financeiro. São ativos específicos que geram uma segurança de rendimento para qualquer negócio.

Em 1988, uma empresa de alimentos australiana pouco conhecida, mas muito bem-sucedida, a Goldman Fettes Wattie (GFW), lançou uma proposta audaciosa para uma das empresas mais conhecidas do Reino Unido, a Rank Hovis McDougall (RHM), proprietária de marcas muito apreciadas como o pão Hovis e a farinha McDougall.

Essa oferta daria início a uma série de eventos que acabariam por conduzir à prática já há muito estabelecida de avaliação da marca; a atribuição de um valor financeiro específico a qualquer marca registrada detida por uma empresa. Significaria que, técnica e juridicamente, as marcas — separadas de quaisquer bens ou serviços que representassem — tinham valor financeiro.

Pela primeira vez, foi possível provar que as marcas realmente fizeram dinheiro para seus proprietários. Até então, elas não eram amplamente consideradas como ativos financeiros. As marcas e o marketing em geral eram considerados custos, e custos cujos retornos eram difíceis de provar.

"Eu sei que cinquenta por cento do meu dinheiro em publicidade é desperdiçado", disse Lord Leverhulme (dos Leverhulme Brothers originais, que depois se fundiram com a Unilever). "Só não sei quais cinquenta por cento."

Os negócios eram valiosos, as marcas, não. As pessoas compravam eletrodomésticos, e os produtos eram feitos em fábricas. As coisas realmente tangíveis eram valiosas, assim como os edifícios, as matérias-primas, as máquinas e as linhas de produção que as fabricavam.

As marcas eram importantes, claro. Era necessário colocar um nome em seu produto, senão como os consumidores iriam lhe chamar? E você tinha de anunciá-lo, senão como as pessoas iriam descobri-lo? E tinha de ser embalado, senão como as pessoas o veriam numa prateleira e o levariam para casa? Mas esses eram custos necessários para o negócio, e não o que as pessoas estavam comprando. Esses elementos não eram o valor que as pessoas procuravam e pelo qual estavam dispostas a pagar um preço *premium*.

OS LIMITES DAS TABELAS DE CLASSIFICAÇÃO

Realmente, o mito de que as marcas não têm valor financeiro ou econômico persiste hoje em dia. Embora os principais conselhos de contabilidade do mundo aprovem a valorização das marcas, apesar do fato de o valor delas aparecer nos balanços das grandes empresas, ainda há pessoas que pensam que não se pode valorizar uma marca porque uma marca não é o que as pessoas estão comprando.

Um colunista iniciou um debate recente em uma revista de marketing do Reino Unido, afirmando que a avaliação da marca era "besteira" e uma "falácia". Ele baseou seu julgamento nas numerosas tabelas de avaliação de marcas que são produzidas publicamente por consultorias como exercícios publicitários para promover seus serviços de avaliação. Essas tabelas classificativas fornecem frequentemente avaliações variáveis para as mesmas marcas. E, em um caso notório, uma avaliação pública da Nokia no valor de quatro bilhões de dólares pareceu ser absurda quando a Microsoft, que a tinha comprado por sete bilhões de dólares, vendeu-a por apenas 350 milhões.

O colunista tinha razão.

Porém, rejeitar a avaliação da marca porque as consultorias podem inflacionar valores em um exercício de relações públicas seria como rejeitar avaliações de casas porque as agências imobiliárias podem ocasionalmente inflacionar os valores em suas vitrines. As casas são vendidas algumas vezes por mais e outras vezes por menos do que o valor avaliado publicamente. É assim que todas as avaliações funcionam, mas isso não significa que essas casas não tenham valor ou não possam ser valorizadas.

AS MARCAS CRIAM VALOR FINANCEIRO E ECONÔMICO

As marcas criam valor para seus proprietários. Até o colunista concordou com isso. E as marcas são ativos específicos — são propriedade intelectual, protegida de forma adequada e segura pela lei de marcas. Assim como qualquer outro bem, podem e devem ser valorizadas. Só não precisamos aceitar a avaliação que nos é dada se estivermos em negociação para comprá-las, mas as marcas não valem apenas o que é definido por uma avaliação financeira específica num determinado momento. Elas têm valor econômico, não apenas financeiro. Existem algumas definições diferentes de valor econômico. Em geral, uma definição é que o valor econômico é o preço máximo que alguém está preparado para pagar por algo (ao contrário do valor de mercado ou financeiro, que é o preço mínimo que poderiam pagar). A outra definição — muito mais interessante — é o potencial de geração de riqueza que as marcas trazem.

Simplificando, o valor financeiro significa que algo pode ser transformado em dinheiro. Sua casa tem valor financeiro porque alguém lhe pagará algo por isso. Valor econômico significa que algo tem a capacidade de gerar riqueza para você e para os outros, e isso pode ser mais difícil de quantificar, mas ainda vale a pena tentar fazê-lo.

Sua casa pode gerar valor econômico de várias maneiras: aquecimento, iluminação, decoração e reparos são necessários, então ela cria uma economia (de encanadores, eletricistas e pintores para fazer esses ajustes, além de fazer com que você pague as contas para as companhias de luz e de água, para o governo local etc.). Essas casas acolhem pessoas que precisam dormir e comer, vestir-se e entreter-se — por isso há camas, geladeira, forno, armários de cozinha para encher de comida comprada, roupas, livros, brinquedos etc. E uma casa oferece um lar estável, onde as pessoas são criadas para serem bons cidadãos, e isso significa que tem um impacto positivo na economia.

Em outras palavras, o valor financeiro é o que lhe pagam quando você vende a casa; valor econômico é o que você cria pelo que você (ou outra pessoa) poderia fazer com a casa.

O valor financeiro da casa aumenta com o valor econômico. Uma obra de melhoria, por exemplo, que gera trabalho para o arquiteto, construtor, encanador e decorador, também aumenta o valor da propriedade.

As marcas criam valor econômico em razão do que seus proprietários fazem com elas. A forma como investem, como as expandem, as atualizam e como as mantêm relevantes e adequadas a seus consumidores.

O que nos leva de volta à história da RHM.

COMO COMEÇOU A AVALIAÇÃO DA MARCA

A decisão da RHM de valorizar formalmente suas marcas e colocar esse valor no centro da sua estratégia de defesa contra a oferta hostil da GFW lhe foi imposta por circunstâncias e necessidade. Mas a ideia de valorizar suas marcas foi de John Murphy, fundador de uma pequena consultoria de branding chamada Interbrand. Em seu livro *Brandfather*, John explica como, em 1988, ele estava em uma viagem de negócios na Austrália quando viu a notícia na imprensa do país sobre a oferta da GFW. A ideia de uma empresa australiana comprar uma britânica tinha um grande apelo, mas John sabia intuitivamente que a GFW não queria a RHM pela sensação do que a compra de uma grande empresa britânica causaria nem mesmo pelo tamanho da fusão que ela iria criar. Era pelas marcas da RHM. Ele sabia que o que a GFW valorizava na RHM era o valor de marcas bem estabelecidas que dariam à GFW retornos instantâneos e duradouros sobre um investimento por meio de aquisições.

Ele tinha chegado ao cerne da questão: as marcas eram ativos que criavam valor econômico e financeiro. Não eram apenas custos de negócio. A razão de seu valor era e continua a ser bastante simples.

As marcas representam uma segurança de rendimento futuro.

Essa segurança não depende de nenhum produto ou qualquer outro mercado. Na verdade, o produto ou serviço pode mudar completamente. Pode até mudar de produto para serviço, mas, enquanto os valores que os clientes ou consumidores apreciam permanecerem, a marca continuará a ter valor econômico e, portanto, financeiro.

Veja a IBM. Poucas pessoas diriam que a IBM não é uma das marcas mais conhecidas do mundo. Mas o que ela faz? Costumava fazer computadores. Agora oferece consultoria. Virgin é um nome bem conhecido, mas é uma companhia aérea? Um centro de fitness? Um serviço ferroviário? Um banco? Uma variedade de refrigerantes? Uma loja de vestidos de noiva? Tem sido tudo isso e muito mais.

O conceito de valor econômico leva isso mais longe. Significa que são ativos que não têm valor apenas quando são valorizados. Significa que elas criam valor continuamente para seus proprietários.

Isso pode acontecer de várias maneiras, por exemplo:

- **Preços**
  Podem permitir a fixação dos preços *premium* ou, no mínimo, a estabilização dos preços e, por conseguinte, a estabilização das margens (se os custos forem bem geridos).
- **Geração de demanda**
  As pessoas querem comprar bens e serviços de marca, não mercadorias genéricas.
- **Garantia da demanda**
  Um cliente que esteja pelo menos satisfeito e não tenha alternativa ou que esteja encantado e não procure alternativa readquirirá a marca sem custo adicional de aquisição para o proprietário da marca.

E acrescentam valor econômico a outros:

- Elas atendem a necessidades repetidas dos clientes. De fato, para alguns clientes, as marcas são vitais na vida doméstica ou empresarial (pense como estaria sem seu computador Apple ou seu Microsoft Office, ou, se atua em uma empresa de construção civil, sem seu escavador JCB?).
- São ativos que geram retorno no mercado de ações ou de investimentos privados. Imagine o que você teria agora se tivesse investido cerca de um dólar na Apple em 1984 ou na Amazon em 1995!
- A sociedade acolhe marcas fortes. Quando a Virgin recebeu sua primeira franquia ferroviária, foi dito a Richard Branson que ele tinha que operá-las sob a marca Virgin para que o público tivesse confiança em seu serviço.

A avaliação da marca coloca um valor em dólares sobre a quantidade de dinheiro que você ganha como negócio e que poderia ser razoavelmente esperado ganhar no futuro. Ela vincula os fatores intangíveis do marketing (*awareness*, preferência, defesa, imagem) com os fatores tangíveis das finanças (lucro antes dos juros e impostos — EBIT —, receitas previstas, capital empregado). Isso torna o desempenho da marca uma questão de responsabilidade para toda a empresa, não apenas uma métrica de marketing.

POR QUE E COMO VOCÊ DEVE COLOCAR UM VALOR FINANCEIRO EM SUA MARCA

Nic Liddell, ex-chefe de Avaliação de Marca da Interbrand, explicou isso lucidamente no livro *Don't Mess with the Logo*. Achamos que é uma boa análise. No mundo frio e clínico da avaliação, explicou Nic, as marcas são vistas como um ativo empresarial, como uma fábrica, uma linha de montagem ou mesmo uma simples caneta esferográfica. O argumento é que marcas fortes criam valor para seus proprietários porque promovem um nível mais elevado de vendas (e, por conseguinte, de lucros) e porque marcas fortes geram valor para seus proprietários.

As marcas também incentivam um relacionamento estável e leal com os clientes, e essas vendas são mais certas no futuro. Em poucas palavras:

marcas fortes = maiores lucros com menor risco

Crucialmente, se a "marca" for protegida por uma marca registrada (ou conjunto de marcas), então pode ser comprada e vendida como qualquer outro ativo. Mas, ao contrário da maioria dos outros ativos, não existe um mercado aberto para as marcas. O preço de uma fábrica pode ser avaliado por meio da análise das transações recentes envolvendo fábricas semelhantes em locais semelhantes (um pouco como quando se muda de casa), ou do cálculo de quanto custaria comprar um terreno e construir a fábrica a partir do zero. Mas as marcas são únicas por definição e não são compradas e vendidas tão frequentemente como fábricas, máquinas e canetas esferográficas. Felizmente, muitas empresas diferentes (incluindo as grandes empresas de contabilidade) criaram formas diferentes de avaliar marcas:

- **Olhando para o custo histórico do desenvolvimento da marca**
  Isso é simples, mas você precisa manter um registro da quantia investida na construção da marca como se fosse o valor da marca. No entanto, isso levanta a questão: "O que conta como um investimento na marca?" Certamente mais do que apenas despesas de marketing? Além disso, muitas marcas têm décadas, então como é possível garantir que os registros são precisos? E, se o que você gastou é o que vale, então isso não lhe dá retorno sobre o investimento.
- **Considerando o valor de marcas similares**
  Isso faz sentido, mas as marcas devem ser únicas, e as marcas "semelhantes" raramente são semelhantes em termos de valor. Nem na mesma categoria. Por exemplo, a Pepsi tem apenas uma fração do valor da rival mais próxima, a Coca-Cola.

- **Olhando para o custo da substituição da marca**
  Isso calcula o quanto você precisaria investir para gerar níveis semelhantes de *awareness*, vendas e lealdade a uma marca existente se você tivesse que começar do zero. Porém, dado que, em última análise, você está lidando com a economia comportamental (o comportamento das pessoas, que é afetado por muitas variáveis diferentes em um dado momento), é difícil fazer isso de alguma maneira lógica.
- **O método do *royalty relief***
  Ao comparar as taxas de royalties cobradas por "marcas similares" (que podem ser encontradas em vários bancos de dados), você pode determinar o que cobrar de alguém que quer licenciar a marca registrada da sua marca. No entanto, as marcas são valiosas porque estimulam lucros mais elevados e porque reduzem o risco. Em teoria, o método da taxa de royalty calcula o nível de lucro que sua marca cria (representado pelo royalty), mas não lhe diz nada sobre o risco.

O método de avaliação mais utilizado, de acordo com as normas internacionais de contabilidade, consiste em uma abordagem de ganhos (ou fluxos de caixa) descontados:

1. Quanto dos ganhos (ou capital) que um negócio prevê gerar pode ser atribuído à marca?
2. Que nível de risco deve estar associado a essas previsões de ganhos da marca (ou dinheiro)?

1. QUANTO DOS GANHOS (OU CAPITAL) QUE UM NEGÓCIO PREVÊ GERAR PODE SER ATRIBUÍDO À MARCA?

A preferência pela marca é sempre importante, porém é mais importante em algumas categorias do que em outras. Na verdade, as pessoas podem não gostar muito da sua marca, mas ainda assim serem forçadas a comprá-la por outras razões. Por exemplo, veja os postos de gasolina. Você pode não gostar muito da Shell, pode preferir a BP (ou vice-versa), mas, se seu carro precisa de gasolina, você vai encher o tanque no posto mais próximo, independentemente de quem seja o dono. Considerando que, se você gosta de Chanel N° 5, você vai comprar Chanel N° 5; você não vai simplesmente usar qualquer coisa para ficar com um cheiro bom. Assim, a "preferência de marca" é menos importante na indústria petrolífera do que, em comparação, na indústria dos perfumes.

Portanto, para calcular quanto de seus ganhos deve-se às pessoas que preferem sua marca, é preciso separar os ganhos que a empresa gera em "tangíveis" e em "intangíveis" (tangíveis significam coisas como fábricas, equipamentos, postos de abastecimento e a gasolina que se pode comprar, possuir etc. — ou seja, coisas que se pode tocar). Então, identifique quanto dos "ganhos intangíveis" é gerado por sua marca em oposição a outros intangíveis, tais como patentes, acordos de distribuição etc.

2. QUE NÍVEL DE RISCO DEVE ESTAR ASSOCIADO A ESSAS PREVISÕES DE GANHOS DA MARCA (OU DINHEIRO)?

As pessoas podem preferir sua marca, mas será que a "exigem"? Tomemos os bancos como exemplo. Muitas pessoas usam o Barclays, mas há poucas provas de que a maioria das pessoas o ame, considerando que, no Reino Unido, o First Direct ou o Metro Bank têm clientes fiéis que os recomendam. Assim, a segurança da procura da marca Barclays pode ser comparativamente inferior à do First Direct ou à do Metro Bank.

Portanto, você tem de identificar o quão fortes são a fidelidade e a afinidade de seus clientes em relação a sua marca e também os outros fatores que afetam essa demanda, tais como sua disponibilidade. Os contabilistas podem usar uma análise dessa força e transformá-la numa taxa de risco. Ao aplicar essa taxa de risco aos ganhos previstos da marca para um número de anos no futuro e ao adicionar esses ganhos, você obtém um Valor Presente Líquido. E esse é o valor financeiro da marca — assumindo que alguém esteja preparado para pagar por ela. A figura 1 mostra o processo.

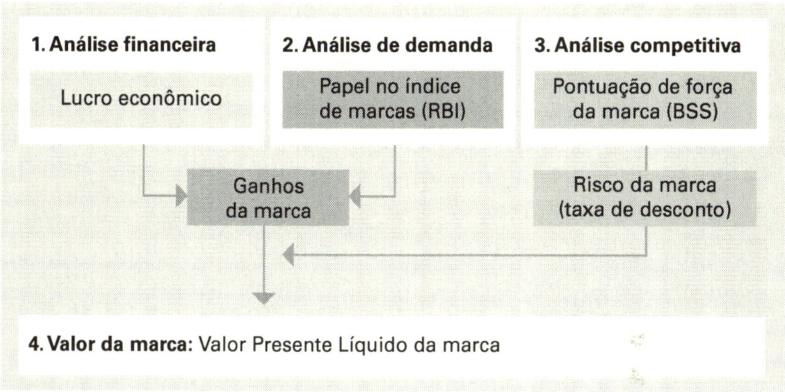

Figura 6.1 ***Avaliação da marca: a abordagem Interbrand***

NOTA: A Interbrand foi a primeira empresa a ter sua metodologia certificada em conformidade com os requisitos da ISO 10668 (requisitos para avaliação de marca), além de desempenhar um papel fundamental no desenvolvimento da própria norma.

Os criadores de mitos podem perguntar por que marcas nos serviços públicos ou na petroquímica, que não são bens de consumo, nas avaliações de marca, valem mais do que aquelas que todos conhecem, como a Chanel. A resposta é que a gasolina é maior que os perfumes. Por exemplo, o volume de negócios da BP em 2017 foi de 240 bilhões de dólares, a décima vez nos últimos anos que ultrapassou os duzentos bilhões de dólares por ano. Em 2017, o volume de negócios da Chanel atingiu dez bilhões de dólares pela primeira vez. A demanda por Chanel pelos consumidores pode ser maior do que a demanda dos consumidores da BP, mas isso significa que a marca Chanel valerá percentualmente mais, porém ainda terá um valor total menor do que a BP. A BP continuará tendo o maior valor da marca financeiramente.

Essa diferença manifestou-se nas tabelas de classificação da Interbrand em 1996. Em seu livro *The World's Greatest Brands*, a Interbrand classificou o McDonald's em primeiro lugar porque esse livro tratava apenas da força da marca. Mas, em sua tabela de classificação de valor publicada no mesmo ano na *Financial World*, classificou o McDonald's em terceiro lugar com um valor de bilhões de dólares, atrás da Coca--Cola (segundo lugar em ambas as tabelas) e da Marlboro, que ficou em primeiro, valendo 44.6 bilhões de dólares, mas que acabou em décimo em relação à força da marca. Por que isso aconteceu? Bem, porque ainda hoje o mercado global de cigarros continua a ser maior do que o mercado global de refrigerantes ou de restaurantes de fast-food. Em 2016, de acordo com várias fontes, o mercado global de cigarros valia 683 bilhões de dólares, o de refrigerantes, 286 bilhões, e o de fast-food, 539 bilhões. Ainda compramos mais cigarros do que refrigerantes, mais cigarros do que batatas fritas.

Assim, um valor de marca saudável mostra que você tem uma grande marca que está sendo apoiada por um grande negócio em um grande mercado. Um baixo valor significa que a marca é fraca, que o negócio é fraco ou que o mercado é fraco. É impossível dizer qual, a menos que se olhe para os detalhes da avaliação.

Os criadores de mitos também dizem que "a valorização da marca é subjetiva". E é. As avaliações são sempre suposições educadas, não importa o que você está valorizando — uma casa, um carro, uma fábrica. Isso não é diferente de quando os analistas avaliam empresas inteiras. Eles tentam prever os lucros ou o fluxo de caixa e também tentam estimar o risco. Assim como as avaliações de analistas, as avaliações de marca representam a opinião de um especialista sobre o valor de uma marca.

Para a maioria das empresas, o valor exato da marca em si é de importância secundária. O mais importante é que uma boa metodologia de avaliação da marca considera muitos tipos de dados de diferentes fontes — incluindo dados financeiros e de marketing — e os reúne em uma única estrutura. Mesmo que a avaliação alcançada não seja perfeita, o processo pelo qual você precisa passar para chegar até ela o obriga a pensar bem sobre como e onde sua marca cria valor. Faz com que a equipe financeira e a equipe de marketing falem a mesma língua. E ele pode ser atualizado a cada ano para que você tenha uma maneira de entender o quão bem você tem trabalhado para alcançar seus objetivos e que metas você deve definir no futuro. Se o valor for suficientemente grande e impressionante, pode colocá-lo em seu Relatório Anual para deixar seus acionistas felizes, ou pode até se beneficiar da publicidade gratuita que vem com a inclusão em uma das muitas tabelas de valor da marca que são publicadas em títulos de prestígio como a *Businessweek*.

As empresas têm usado a avaliação de marca para transformar seus negócios para:

- Deslocar a marca para o centro de seus negócios e garantir o alinhamento com todas as operações.
- Ajudar a descobrir os negócios que podem ser fundamentalmente sólidos, mas que já não são essenciais para a construção da marca.
- Melhorar sua informação financeira e mostrar o verdadeiro valor do negócio.
- Ajudar a explicar a todos os que trabalham para e com elas o quão grande é a marca que têm e que valor ela gera para o negócio.

Einstein supostamente disse: "Nem tudo o que conta pode ser contado, nem tudo o que pode ser contado conta."

É verdade.

Porém isso não deve nos impedir de contar o que devemos contar — mesmo que nossa contagem possa ser, bem, um bom palpite.

LEITURA ADICIONAL

John Murphy. *Brandfather: The Man Who Invented Branding*. Book Guild Publishing, 2017.

Jon Edge and Andy Milligan. *Don't Mess with the Logo*. FT Prentice Hall, 2009.

MITO 7

A DIFERENCIAÇÃO ESTÁ MORTA. SER DISTINTO É IMPORTANTE

A verdade é que você precisa se diferenciar e ser distinto. Não se pode fazer um sem o outro.

Esse é um mito moderno que precisa ser desfeito ou, pelo menos, esclarecido. Essa ideia parte do que acreditamos ser uma leitura parcial de um excelente livro chamado *How Brands Grow: What Marketers Don't Know*, de Byron Sharp. *How Brands Grow* capta em um só lugar muito do que pensamos sobre as marcas e faz algumas recomendações muito pertinentes e sensatas.

No entanto, pensamos que alguns criadores de mitos se agarraram a algumas de suas conclusões para, provavelmente, se justificarem. O livro argumenta que as marcas crescem porque estão associadas a algumas coisas que realmente as distinguem nas mentes dos consumidores, não a um único diferenciador. E efetivamente também argumenta que as marcas que gastam muito dinheiro em marketing também crescem melhor. Essa última conclusão é muito persuasiva para as agências de publicidade e, naturalmente, para os departamentos de marketing que enfrentam um maior controle da eficácia das despesas e mesmo da redução dos orçamentos. Deve parecer um colete salva-vidas em um momento em que os grandes proprietários de marcas questionam se as agências de publicidade tradicionais podem dar-lhes a ajuda de que necessitam no mundo moderno.

É a linguagem do mito — a distinção importa, a diferenciação, não — que nos preocupa.

QUAL É A DIFERENÇA ENTRE DIFERENCIAÇÃO E DISTINÇÃO?

Em primeiro lugar, vamos tentar chegar a um acordo sobre algumas definições. Porque parte do problema é que as pessoas estão usando significados diferentes para as palavras "diferenciação" e "distinção". Na verdade, a maneira como as pessoas estão dando sentido a essas palavras nos lembra a discussão entre Humpty Dumpty e Alice:

> "Quando uso uma palavra", disse Humpty Dumpty, num tom um pouco desdenhoso, "significa exatamente o que eu escolho que significa — nem mais nem menos."
>
> "A questão é", disse Alice, "se é possível fazer com que as palavras signifiquem tantas coisas diferentes."
>
> "A questão é", disse Humpty Dumpty, "qual delas será a mestra — isso é tudo."

No momento, parece que o significado de "mestra" para algumas pessoas em marketing é esta definição de Byron Sharp:

> Diferenciação (um benefício ou "razão para comprar" para o consumidor) e distinção (a aparência da marca) são coisas diferentes.

E depois continua:

> Isso não é só semântica, como qualquer advogado ou juiz lhe dirá. O caráter distintivo (marca) é juridicamente defensável, enquanto a diferenciação não o é (exceto a proteção de patentes limitada por tempo).

Bem, achamos que isso é de fato uma boa diferenciação semântica. Se você for a qualquer dicionário, verá que diferenciação e distinção estão intimamente associadas (de fato, uma definição de diferenciação no dicionário é "a ação ou processo de diferenciação ou distinção entre duas ou mais coisas ou pessoas" e uma definição de diferente é "distinto").

O branding sempre procurou diferenciar-se, e o fazia sendo distintivo.

A verdade é que você precisa diferenciar e ser distinto. Não se pode fazer um sem fazer o outro.

AS TRÊS REGRAS DE DIFERENCIAÇÃO

Roberto Goizueta, que foi um dos CEOs mais bem-sucedidos da Coca-Cola, deu fama às suas três regras para a construção bem-sucedida de marcas:

Diferenciar, diferenciar, diferenciar.

As marcas existem por lei para diferenciar um fornecedor de outro. É por isso que temos as leis de marcas registradas. Essas leis asseguram que os direitos diferenciados adequados são juridicamente defensáveis, permitindo que qualquer fornecedor proteja seu comércio contra a imitação ou contrafação por parte de outro. Assegura igualmente que qualquer consumidor compra ou utiliza um bem ou serviço de boa-fé.

Se quiséssemos dar uma ordem e mais significado às três regras de Goizueta, a primeira seria diferenciar por meio de sua marca. Você tem que criar uma marca que ninguém mais no seu mercado possa copiar. Tem de ser tão diferente assim. Tem de ser diferente de quaisquer termos genéricos que se apliquem ao seu mercado ou que possam ser utilizados por outras pessoas para descrever aspectos distintivos dos seus produtos ou serviços. Assim, se o aspecto distintivo do seu serviço de entrega for a rapidez, ainda assim você não poderia registrar e proteger como marca registrada a palavra "rápido" ou "veloz". Teria de acrescentar mais uma palavra ou criar um neologismo como "Fastrak" ou "Speedline". A utilização de qualquer coisa que o diferencie do termo genérico que possa demonstrar que seu serviço de entrega também é rápido deve ser autorizada.

É por isso que tantas empresas desenvolvem ou escolhem nomes tão distintos. Eles precisam de ser genuinamente diferentes de qualquer outra coisa: Ocado, Amazon, Xerox, Fatbrain, Moonpig. Dessa forma, você pode mais facilmente proteger seu negócio e seu consumidor por lei.

A segunda regra de diferenciação da marca aplica-se a todos os outros aspectos da identidade ou expressão da marca: o logotipo, as cores, as imagens, a forma da embalagem, os slogans etc. No fim, as pessoas precisam de ajuda por meio da diferenciação da marca para encontrar o que procuram rapidamente na prateleira ou na rua (pense nos Arcos Dourados). O branding pode até ajudar os consumidores a escolherem porque preferem uma cor ou uma imagem a outra. Algumas pessoas gostam de vermelho e outras de azul. Ou pode ajudar a sinalizar e segmentar um produto para diferentes públicos. A Coca-Cola é vermelha, a Coca-Cola Diet é prateada. Por muitos anos, a Unilever produziu a marca de shampoo Head & Shoulders para homens preocupados com a caspa. Mais tarde, decidiu lançar uma versão destinada às mulheres. Não havia uma grande diferença na fórmula. Eles mudaram a fragrância e a diferenciaram crucialmente pela cor da embalagem — eles a tornaram rosa para as mulheres, diferenciando-a do azul original, que permaneceu para os homens. Esse tipo de diferenciação ajuda os consumidores a rapidamente encontrá-lo, reconhecê-lo e a lembrar-se de você.

Todos nós podemos pensar em marcas que reconhecemos e, portanto, conseguimos já diferenciar apenas vendo seu logotipo. De fato, os logotipos são tão distintivos que nem sequer precisamos vê-los por completo — uma letra ou metade do logotipo irá nos dar a pista de que precisamos. Apenas uma visão do topo dos Arcos Dourados a quinhentos metros de distância já irá fazer com que uma criança incomode os pais para ir ao McDonald's. Temos certeza de que você pode pensar em muitos (aquele corte no logotipo da Apple, qualquer uma das três letras da IBM, o D da Disney). Na verdade, existem jogos de tabuleiro e jogos on-line que giram inteiramente em torno de adivinhar o logotipo. Isso é diferenciação. Também é distintivo.

A terceira regra de diferenciação seria aquilo a que chamaríamos de diferenciação "significativa", a razão pela qual se compra ou se prefere uma marca por causa de algo que ela faz e que lhe agrada particularmente. E é aqui que ocorre a sobreposição com a distinção genuína.

A maioria das pessoas escolhe voar pela Ryanair por causa do preço, mas essa não é a única companhia aérea de baixo custo e, por vezes, pode nem sequer ser a mais barata em uma determinada rota. Porém, o preço baixo é uma parte distintiva da marca Ryanair. Pode não a diferenciar técnica ou juridicamente da mesma forma que a marca Ryanair e suas marcas registradas, mas a distingue de forma tão significativa que contribui para uma sensação global de diferença no mercado que dá às pessoas uma razão para comprar com ela.

Uma das outras razões pelas quais a fixação de preços distingue a Ryanair reside no fato de, em geral, ela ser melhor do que as outras. E ser "melhor" ou pelo menos ser visto como "melhor" é um diferencial. Na indústria automobilística, há a percepção de que os carros alemães são mais bem projetados. A BMW, a Mercedes-Benz e a Volkswagen se beneficiaram coletivamente das décadas de foco na melhoria da qualidade por meio da engenharia e também da percepção geral de que os alemães são bons em engenharia e em produção de alta qualidade. Algumas dessas percepções podem ser testadas e provadas. Foi Karl Benz quem, em 1879, primeiro patenteou o motor de combustão interna e depois, em 1886, recebeu uma patente para seu primeiro automóvel. A revista *Fortune* escreveu que a força da marca dos fabricantes de automóveis alemães foi fundamentada em seu foco e compromisso com a excelência em engenharia. Por exemplo, a BMW tinha o objetivo de construir todos os veículos com uma distribuição de peso de 50-50. E a *Fortune* também observou que "os engenheiros ocupam um pedestal alto num país que premia tecnologia e proficiência". Assim, a cultura do país apoia a percepção do cliente.

A principal razão pela qual escolhemos a Ryanair como exemplo, porém, é porque não é uma marca de produtos de consumo. E diversas pessoas costumam associar marcas a produtos de consumo, quando, na verdade, as marcas não são, como explicamos no Capítulo 18, apenas mercadorias embaladas.

SER SIGNIFICATIVO

Byron Sharp refere-se à distinção sem sentido em vez de "com significado", o que quer dizer que as pessoas gostam de uma marca simplesmente porque gostam dela. Elas podem invocar alguma pós-racionalização de sua preferência, mas, essencialmente, é uma escolha emocional. Às vezes, a escolha pode ter sido feita na infância há tanto tempo que não se lembram do porquê, quanto mais quando escolheram a marca pela primeira vez. Muitos de nós, por exemplo, temos uma barra de cereais ou de chocolate preferida desde que éramos crianças. Tal como nossos times ou celebridades favoritos.

Os clubes de futebol também são marcas, e para muitos de nós a escolha de nosso time de futebol favorito é acidental ou emocional, seja por nascimento, seja porque o time tinha um jogador ou um uniforme de que gostávamos. Há um patrocinador do Plymouth Argyle que nasceu em Birmingham e não tem nenhuma relação com Plymouth. Mas, quando ele tinha cinco anos de idade, viu o emblema do Plymouth Argyle (o navio Mayflower que levava os Pilgrim Fathers para a América) e gostou tanto que se encantou pelo time. Ele os apoiou desde então porque gostou do logotipo deles. Isso é que é lealdade à marca. E é provavelmente um bom exemplo de distinção sem sentido.

Não gostamos muito da expressão distinção "sem sentido" porque sugere que uma motivação irracional ou emocional não é "significativa" ou valiosa. Argumentaríamos que a motivação emocional é extremamente racional; pode não ser lógica, mas é racional. O medo, o amor, o ódio, a bondade, tudo vem de respostas perfeitamente racionais a situações ou pessoas. Nostalgia, um sentido de identidade pessoal e um sentido de pertencimento ou uma maneira compartilhada de perceber o mundo também são perfeitamente racionais para os seres humanos.

No entanto, concordamos muito com Sharp — mesmo que não gostemos do termo "sem sentido". Compramos emocionalmente e então justificamos nossa compra racionalmente. E, para comprar emocionalmente, precisamos ver, apreciar e reconhecer algo que seja distinto.

SER NOTÁVEL

Oscar Wilde disse uma vez: "Só há uma coisa pior no mundo do que falarem de você, não falarem de você." Isso é muito verdadeiro para as marcas. Agora, é mais importante do que nunca ser distintivo e ser reconhecido e recomendado por ser distintivo, por ser notável. Estar, numa de nossas frases favoritas, "dentro da cabeça e na ponta da língua". De acordo com a pesquisa do Instituto Ehrenberg-Bass (do qual surgiu o livro *How Brands Grow*), os clientes estão gastando menos tempo pensando nas diferenças sutis entre as marcas, e em vez disso estão interagindo com as marcas que acham interessantes e distintas. Mas não há surpresa nenhuma. Algum de nós já passou muito tempo contemplando a relativa singularidade da Coca-Cola sobre a Pepsi Cola?

Nos anos 1970 e 1980, foram realizados testes cegos, que a PepsiCo utilizou repetidamente para demonstrar que mais consumidores realmente preferiam o sabor da Pepsi ao da Coca-Cola. Os consumidores receberam copos com bebida de cola sem marca e foi pedido a eles que avaliassem qual preferiam. Aparentemente, a Pepsi superou a Coca-Cola porque a fórmula da Pepsi produz um sabor que é um pouco mais suave e doce no paladar. Mas bote a respectiva marca nas latas, coloque-a nas prateleiras dos supermercados e lojas locais e muito mais pessoas ainda vão preferir Coca-Cola. Não só porque a Coca-Cola, sendo uma marca maior, utiliza mais marketing e tem mais dinheiro. A Pepsi até recrutou David Beckham para ser o embaixador da marca, mas isso não mudou a situação.

O fato é que as pessoas sabem o que é distintivo, familiar e reconhecível sobre a Coca-Cola; elas sabem o que estão comprando até mesmo se não conseguirem explicar isso de forma clara e abrangente. A diferenciação da marca Coca-Cola, consagrada na diferenciação de sua identidade de marca registrada, supera a diferenciação oferecida pelo aparentemente "melhor" sabor da Pepsi.

Nossa abordagem à escolha de marcas com base num sentido geral de sua distintividade, em vez de uma série de características e benefícios especificamente diferenciados, aplica-se a todos os setores, de seu supermercado local ao seu varejista on-line, de sua companhia aérea até seu smartphone. Você está mais preparado para considerar as afirmações contrastantes de marcas alternativas do que costumava ser? Você gosta de ter marcas competindo por sua atenção? Ou essas perguntas nunca incomodam seus pensamentos? A verdade é que nunca tivemos muito tempo para questionar essas diferenças e cada vez mais temos menos tempo e mais escolha e, nesse contexto, ser memorável, distintivo, é a única coisa que importa.

Como consumidores, nunca passamos nosso tempo pensando profundamente nas várias reivindicações de diferenciação com que as empresas nos bombardeiam. Pelo contrário, ao contemplar uma marca, sempre nos relacionamos com um sentimento ou uma associação, algo distintivo sustentado por um conjunto específico de características ou benefícios. Algo que nos fazia sentir bem e nos dava sobre o que falar.

O que mudou foi o foco incansável, a energia e a imaginação que os proprietários de marcas agora precisam ter para permanecerem distintos e, portanto, notáveis e recompráveis.

O QUE AS MARCAS "POSSUEM" E O QUE ELAS "OCUPAM"

No debate sobre esse mito confuso, preferimos distinguir entre o que as marcas "possuem" e o que "ocupam". O que as marcas possuem é o que as diferencia legalmente. Marca, logo, logotipo, cores etc. E possivelmente algumas tecnologias patenteadas, tais como a ferramenta de "arrastar" na tela de um smartphone Apple (embora essas tenham uma vida limitada).

As marcas constroem distinção pelo "espaço" que ocupam em nossas mentes. A Volvo não é mais segura do que outros grandes fabricantes de automóveis, mas, se você perguntar a um grupo de motoristas de meia-idade qual é o atributo que eles mais associam à Volvo, é provável que seja a segurança. Isso porque, durante anos, ela se concentrou em comunicar isso aos motoristas.

Como dono de uma casa, você é dono do terreno (ou arrendamento) também. Mas a distinção da casa é a maneira como você a ocupa — a forma como a casa é projetada, construída, decorada e preenchida com mobília e acessórios. Tudo isso cria o caráter distintivo da casa e pode ser alterado ou mesmo perdido. O direito legal de viver naquele lote de terra perdura mesmo quando a casa desmorona.

As marcas de sucesso concentram-se consistentemente em uma imagem e em uma experiência que querem que sejam reconhecidas e valorizadas pelos clientes e, na verdade, por outros grupos de pessoas, especialmente os funcionários. A Apple não "possui" criatividade, design moderno e produtos intuitivos. A Samsung pode reivindicar essas coisas também. Porém, a Apple criou uma marca distinta em torno desses atributos pelo foco que colocou sobre eles. O estilo monocromático e *clean* dos seus produtos e lojas, a assinatura e o design gráficos, o tom de voz ("Hello", "Designed in California"), o estilo informal e amigável de seu pessoal, a ênfase no entretenimento, os impressionantes efeitos que apresenta nos lançamentos. Tudo isso forma uma impressão distintiva da marca Apple que a maioria de nós teria dificuldade em articular claramente, mas que todos conhecemos e reconhecemos e com a qual muitos se identificam.

Da mesma forma, a Nike não "possui" em nenhum sentido legal ou de outra forma de propriedade as ideias de "despertar seu melhor", de irreverência, de desempenho, de energia. A Adidas e a Nike têm atletas de alto desempenho em seus catálogos; ambas fabricam produtos com características inspiradas na ciência do esporte e na tecnologia, além de fazerem anúncios impressionantes que apresentam pessoas comuns e estrelas. Outras marcas, como O'Neill, Converse, Puma e Reebok são todas capazes de fazer e falar sobre coisas semelhantes, mas a Nike tem ocupado esse espaço em nossas mentes por um foco incansável, por um claro *ethos* artístico e de design que traz uma vantagem para toda a marca, por seu marketing audacioso e, claro, por sua disponibilidade de gastar dinheiro para impulsioná-lo. Como resultado, eles gravaram em nossas mentes três coisas que realmente possuem: o nome Nike, o logotipo *swoosh* e o slogan "Just do it".

COMO SER NOTÁVEL

Então, para ser notável, onde se concentrar e como fazê-lo? A resposta está em três princípios simples. Esses princípios são os identificados no livro *On Purpose: Delivering a Branded Customer Experience People Love*. O livro recomenda que, se você quiser que sua marca permaneça relevante e distinta e seja parte da consideração e conversação dos consumidores, então ela precisa ter um propósito, se destacar e permanecer firme.

Ter um propósito — significa ter uma causa que os proprietários de marcas busquem de forma consistente e sobre a qual falem constantemente. Um propósito que trará valor verdadeiro e melhorará a vida de seus clientes ou consumidores e o mundo em que vivem.

Destacar-se — significa se diferenciar e distinguir drasticamente sua marca dos concorrentes, entregando intencionalmente uma experiência replicável e notável em todos os canais ou pontos de contato com seus clientes.

Permanecer firme — significa criar, manter e desenvolver a cultura apropriada para garantir uma entrega sustentável e autêntica em longo prazo.

No Capítulo 5 damos alguns exemplos de marcas que construíram associações altamente distintivas em nossa mente com seu incansável foco nesses princípios-chave, marcas conhecidas, como a Ikea. Aqui, para ilustrar o tema da distinção, vamos dar um exemplo de um setor sobre o qual os consumidores raramente têm algo de bom a dizer — o bancário. Em 2010, o Metro Bank tornou-se o primeiro novo banco do Reino Unido a ser lançado em quase 150 anos. Tornou-se rapidamente uma das empresas mais positivamente comentadas e uma das mais bem-sucedidas no setor.

TER UM PROPÓSITO

O Metro Bank entende que, primeiro, você tem que saber pelo que quer ser notável. Tem de defender o que é mais importante para seus clientes e construir sua oferta em torno disso. Durante a última década do século passado e a primeira década deste, os bancos foram se retirando cada vez mais das ruas, fechando agências, investindo menos na experiência e incentivando os serviços on-line e por telefone. Também estavam desenvolvendo cada vez mais novos produtos financeiros e serviços mais complexos, abrangendo as operações bancárias de varejo, empresariais e de investimento. Tornou-se difícil saber qual era seu foco, que certamente não parecia ser o cliente, a julgar pela insatisfação de muitos com seus bancos.

O Metro Bank chegou a esse mercado com um objetivo e uma clareza simples. Eles se guiariam na crença de que as agências bancárias tinham um papel a desempenhar em uma comunidade e, por conseguinte, na vida de um cliente. Um relatório da Mintel parece apoiar sua crença. Verificou-se que 84 por cento dos clientes gostavam de ir à agência bancária com frequência ou regularidade, com 25 por cento afirmando que nem sequer considerariam um banco que não tivesse uma agência. O Metro também decidiu concentrar-se nos produtos mais importantes para os clientes. Ele se concentra em serviços como conta-corrente, poupança e cartões de crédito para clientes ou empresas. Ele tem uma noção clara de quem é seu principal cliente: uma pessoa comum que quer ir a um banco com o qual seja fácil negociar. O Metro queria conquistar os clientes e faria com que as pessoas gostassem de ir às suas agências. O banco usa uma linguagem da qual os clientes se lembram; é "um banco que coloca você em primeiro lugar". Na verdade, ele não fala de clientes; fala de fãs, uma premissa simples que está revolucionando os bancos do Reino Unido.

DESTACAR-SE

Para que as pessoas falem de você, é necessário fazer algo pelo qual valha a pena ser falado. O Metro Bank não oferece as taxas mais competitivas, mas foca em investir no que seus clientes mais valorizam. Ele foi pensado considerando o que estava errado com as agências bancárias tradicionais e criando algo exatamente oposto a isso. Antigas agências bancárias funcionavam no horário bancário regular (das nove às dezessete de segunda a sexta-feira, e nas manhãs de sábado, se você tivesse sorte). O Metro tem horários convenientes para seus clientes (das oito às vinte, de segunda a sexta-feira; das oito às dezoito, nos sábados; e estão abertos até mesmo das onze às dezessete, nos domingos). Os bancos antigos tinham pessoal de aspecto austero por atrás de janelas de vidro (presumivelmente para proteger tanto os funcionários como o dinheiro). O Metro tem funcionários simpáticos que andam pela loja e atendem em mesas sem divisórias. O pedido de abertura de conta em um banco antigo envolvia um processo agonizante, longo e burocrático, a necessidade de apresentar referências e muita espera enquanto eram efetuados controles e verificações duplas. O Metro Bank oferece abertura de conta instantânea — você pode entrar em uma agência e sair dentro de uma hora com uma nova conta bancária pronta para usar. Os velhos bancos eram tão *family friendly* quanto um cemitério. O Metro Bank permite que os cães entrem (até mesmo fornecendo tigelas de água), e as crianças podem brincar de imprimir dinheiro de mentirinha. Suas filiais são fáceis de encontrar e fáceis de fazer negócios.

PERMANECER FIRME

O Metro Bank sabe que não é para todos e está confortável com isso. Ele sabe que a entrega de uma experiência diferenciada requer fazer escolhas. Seus sistemas são projetados para capacitar os funcionários. O Metro tem um *ethos* de serviço simples: é preciso uma pessoa para dizer sim a um cliente e duas para dizer não. Mantendo-se fiel a sua promessa, está produzindo resultados significativos. Coloca ênfase no estilo de serviço e atitude em seu recrutamento e encoraja a informalidade e a diversão dentro da sua cultura.

Aderir a esses princípios e sustentá-los com relações públicas e mídias sociais significa que seus clientes têm falado muito por eles. O Metro Bank gastou menos de cem mil libras em publicidade convencional em seis anos, mas tem um reconhecimento de marca de 82 por cento. Uma grande ajuda são suas lojas grandes, ousadas, modernas e altamente diferenciadas que funcionam como outdoors publicitários nas ruas.

O Metro Bank cresceu em menos de uma década para se tornar uma força influente no setor bancário e uma presença crescente no mercado, com depósitos de 11,7 bilhões de libras, uma carteira de empréstimos de 9,6 bilhões, 55 agências e 1,2 milhões de clientes. Quando você considera que o estudo da Mintel citado anteriormente indicou que os principais bancos perderam mais de três milhões de clientes, parece que o foco do Metro em ser distinto e diferenciado está valendo a pena.

Então, não é que uma marca precise ser distintiva em vez de diferente. Tem de ser ambos. Mas deve se concentrar no que a tornará genuinamente distintiva e se manter concentrada no cumprimento dessa obrigação. A combinação disso com a constância de proteger a identidade que possui, e que a diferencia genuinamente, torna-a notável.

Robert Stephens, fundador da Geek Squad, que rapidamente se tornou o principal fornecedor de serviços domésticos de TI nos Estados Unidos, diz: "Marketing é o imposto que você paga por ser 'só mais um'."

Os proprietários de marcas devem se perguntar quanto "imposto" estão pagando.

LEITURA ADICIONAL

Byron Sharp. *How Brands Grow: What Marketers Don't Know*. Oxford University Press, 2010.

Shaun Smith and Andy Milligan. *On Purpose: Delivering a Branded Customer Experience People Love*, Kogan Page, 2015.

MITO 8

O CLIENTE TEM SEMPRE RAZÃO

A maneira certa de pensar para as marcas é:
"O cliente certo tem sempre razão."

Alguns mitos são baseados na verdade e na realidade. Realmente, houve cidades que afundaram no mar, como no mito de Atlântida (apenas não temos certeza se Atlântida era uma delas). O mito "o cliente tem sempre razão" é quase verdadeiro, mas o "quase" o torna um mito perigoso para ser entendido literalmente.

A maneira certa de pensar para as marcas é que "o cliente *certo* tem sempre razão".

Muitas empresas falam de forma louvável, mas sem sentido, sobre colocar o cliente em primeiro lugar. Em mais empresas do que pensamos, há proposições de valor, que incluem ser focado no cliente. A verdade em nossa experiência é que, para muitas empresas, a prioridade não está nos clientes, mas nos acionistas. Mesmo que esses acionistas só tenham um retorno financeiro decente se o negócio tiver receitas crescentes e lucrativas, o que só é possível se tiver clientes. E funcionários engajados. Em 2011, o Grupo Temkin realizou uma pesquisa com funcionários que trabalham para todos os tipos de companhias e concluiu que 99 por cento dos funcionários que trabalhavam para empresas genuinamente focadas no cliente concordavam que estavam "empenhados em ajudar sua empresa a ter sucesso".

NEM TODOS OS CLIENTES SÃO ADEQUADOS PARA VOCÊ

Parte do problema é que as empresas não gastam tempo pensando sobre quem é seu cliente-alvo e construindo uma proposta de valor em torno dele. Elas, muitas vezes, consideram todos os clientes iguais e estão felizes em conquistar o maior número possível.

Contudo, uma marca bem-sucedida não trata todos os clientes da mesma forma. A primeira coisa que as empresas bem-sucedidas fazem é entender quem são seus clientes mais valiosos. Isso não é o mesmo que saber quem é seu maior grupo de clientes, porque pode ser que você tenha muitos clientes que simplesmente não são rentáveis o suficiente. O princípio de Pareto de que vinte por cento de qualquer coisa fornecerão oitenta por cento de algo é, em seu sentido mais amplo, verdadeiro para os clientes empresariais. Por isso, é importante segmentar seus clientes e entender quais deles são os mais valiosos. Normalmente, são os que compram regularmente, aproveitando suas novas ofertas, dando-lhe altas pontuações de satisfação e defendendo você. Esses clientes são, muitas vezes, chamados de "fãs". A O2, operadora de telecomunicações do Reino Unido, tinha um índice de "fãs" que a ajudava a compreender não só quem eram seus principais clientes, mas também o quanto estava investindo para mantê-los satisfeitos. No entanto, não cometam o erro de superssegmentar em tais microgrupos, pois isso torna impossível fazer algo significativo com eles.

Se tratarmos todos os clientes da mesma forma, acabaremos por perder o foco e não nos tornaremos nem diferenciados nem distintos. Se você não significa nada para alguém, não significa nada para ninguém.

No passado, algumas marcas de prestígio permitiram que seu valor fosse diluído porque não eram suficientemente seletivas em relação aos seus clientes-alvo.

A Burberry, loja de vestuário de luxo britânica, descobriu que sua marca estava associada a grupos de clientes que não refletiam a imagem que desejava e afastavam os clientes que queria. Tal como o *Daily Mail* relatou em 2008:

> A Burberry tornou-se onipresente demais, e logo seu modelo de estampa distintivo foi adotado como um distintivo de honra para a nova classe média emergente.
>
> O dia em que a ex-atriz Danniella Westbrook, uma celebridade britânica polêmica, e sua filha saíram da cabeça aos pés de Burberry foi a gota d'água para a credibilidade da empresa. Alguma coisa tinha que mudar, e tinha que mudar depressa.

Infelizmente, parece que somos esnobes da moda que gostam que pessoas como nós usem as roupas de que gostamos. A Burberry deu a volta por cima redescobrindo o propósito da marca, revigorando sua oferta criativa, transformando a experiência de cliente e incentivando o tipo certo de consumidor. Sua campanha clássica "The Art of the Trench" (ou "A arte dos sobretudos") foi um grande exemplo disso.

Outras empresas tomaram medidas dramáticas e simbólicas para mostrar que tipo de cliente valorizam e que tipo não valorizam. Herb Kelleher, CEO da Southwest Airlines durante a maior parte do tempo em que era considerada a principal companhia aérea de baixo custo, conta a seguinte história: um cliente escreveu à Southwest queixando-se, numa linguagem forte, do comportamento de um de seus funcionários. A Southwest leva sua responsabilidade com seus empregados muito a sério: "A cultura é a rainha" na Southwest. Por conseguinte, não aceitaram a denúncia levianamente e a investigaram exaustivamente. Não só concluíram que não havia nenhum caso a responder como também confirmaram que o trabalhador tinha agido de forma adequada. Escreveram ao cliente, informando-lhe sobre o resultado da investigação, rejeitando a denúncia e dizendo-lhe que deixaria de ser bem-vindo em qualquer voo da Southwest.

Aquele cliente definitivamente não tinha razão.

Six Senses é uma cadeia de resorts de luxo que tem uma forte oferta de "contato com a natureza". Quando você visita um dos resorts, é convidado a se afastar um pouco da civilização. Sem sapatos, com paz e sossego. Não é um lugar para alguém que quer todo o tipo de conveniência moderna ou luxos tecnológicos. Uma cliente odiou tanto isso que começou a reclamar de tudo para todos os funcionários, para o gerente e também para outros hóspedes. Em vez de concordar com suas queixas ou ajustar qualquer um de seus serviços, a diretora-geral arranjou um helicóptero para levá-la para fora da ilha, para um resort que fosse mais do seu gosto.

Mais uma vez, aquela cliente não tinha razão.

Há também, naturalmente, clientes que fazem falsas queixas e reclamações na esperança de obter uma indenização, embora esses sejam relativamente raros. Na verdade, o roubo praticado pelos próprios funcionários é uma ameaça maior do que a fraude cometida por clientes para a maioria das empresas. Grande parte delas tem boas maneiras de identificar os clientes que não têm razão.

Muitas empresas realizam revisões periódicas de sua base de clientes. Quando bem feito, isso pode ser útil tanto para o cliente como para a empresa. Por exemplo, você pode ter recebido uma notificação do seu fornecedor de gás ou eletricidade ou de TV/banda larga sugerindo que adote uma tarifa diferente, mais adequada a suas necessidades. Os bancos estão particularmente interessados nessa questão, embora ela possa conduzir a alguns choques inesperados. Uma análise dos clientes comerciais efetuada por um banco levou-os a fechar várias contas porque já não se enquadravam na estratégia comercial (ou seja, não tinham contas suficientemente grandes que valessem a pena manter) e, por conseguinte, notificaram com seis semanas de antecedência o encerramento da conta de uma empresa que tinha sido sua cliente durante quase vinte anos. Há melhores maneiras de dizer adeus.

CONHEÇA OS CLIENTES QUE TÊM RAZÃO

Certifique-se de que está concentrando seus esforços nas áreas de maiores possibilidades, e não desperdiçando seu tempo valioso com clientes que não têm potencial para afetar positivamente o desempenho da sua empresa e que ocupam muito do seu tempo. Inevitavelmente, o excesso de serviço oferecido aos clientes menos valiosos significará subestimar os valiosos. Essa não é uma boa situação.

Um dos desafios em encontrar e servir adequadamente os clientes certos é viver com a ambiguidade de que nem todos os clientes são iguais, mas todos podem ter o mesmo potencial. Portanto, você precisa estabelecer qual é o valor futuro de seus clientes para criar uma lista de prioridades inicial. Você precisa avaliar seus clientes — digamos, ABCD. Essa é uma boa recomendação dada por David Kean e Chris Cowpe no livro *How To Win Friends and Influence Profits*. A classificação de clientes o ajudará a determinar em que concentrar seus recursos e esforços. Também o ajudará a não perder tempo com os clientes que desperdiçam sua energia e, pior ainda, que diluem sua margem, em vez de aumentá-la.

Os clientes da Lista A são os principais alvos estratégicos sobre os quais a energia da marca deve ser aplicada de forma mais eficaz na busca do crescimento orgânico. Sua marca terá uma relação muito forte com esses clientes e eles serão grandes defensores seus para a comunidade de clientes em geral, por meio das redes sociais. Você já oferecerá a esses clientes seus melhores produtos ou serviços, mas você também pode usá-los para experimentar e testar novas oportunidades. Melhor ainda, você pode dedicar tempo para conhecê-los bem — com pesquisas qualitativas, quantitativas ou etnográficas, de preferência em tempo real —, a fim de identificar outras necessidades ou desejos que eles possam ter. Eles também podem destacar áreas de sua marca que precisam ser melhoradas e podem até mesmo dar-lhe feedback sobre o que pensam sobre sua concorrência, o que pode surpreendê-lo. Esses clientes têm toda razão!

Os clientes B serão aqueles com quem sua marca desfruta de boas relações sólidas e com quem existe um bom nível de atividade, mas esse grupo não é tão dinâmico e de crescimento rápido como aquele dos clientes A. Eles podem ser mais lentos. Podem levar tempo para adotar novas ofertas ou mudar hábitos, mas também podem ser sua base de receita, e, como tal, é essencial que você invista neles.

Os clientes C têm um status de atendimento e manutenção. Você pode muito bem ter um bom relacionamento, mas eles nunca terão o potencial de crescimento de marca e receita dos clientes A e B. Eles são bons clientes para quem você vai continuar a fornecer um sólido (mas não um especial) serviço e para os quais você não investiria demais antes de obter receita. Você pode decidir eliminar esses clientes (como o banco mencionado acima fez), mas o risco para a reputação de sua marca pode não valer a pena.

Os clientes D devem provavelmente ser eliminados da sua lista. Serão diluidores de margens. Eles vão sugar a energia dos seus colegas do atendimento porque nunca ficarão satisfeitos com seu serviço. Vão discutir sobre as contas ou os preços e queixar-se constantemente de você nas redes sociais. É preciso coragem e custa algum dinheiro (como no caso do Six Senses e seu helicóptero) para perdê-los, mas vai valer a pena. Há rumores de que uma das empresas de consultoria mais bem-sucedidas do mundo elimina todos os anos os dez por cento de sua base de clientes. Não parece que isso os afetou.

Naturalmente, para entender quem são seus clientes mais valiosos, você também tem que entender se está criando ou fornecendo coisas que eles valorizam. Portanto, é importante analisar o que você pensa de seus clientes e também o que eles pensam de você. Não vale a pena tentar concentrar-se em seus clientes A se eles não realmente valorizam o que você está lhes oferecendo.

No entanto, uma das coisas mais importantes que qualquer empresa pode e deve fazer é garantir que está removendo clientes que não têm valor. Clientes não rentáveis criam negócios não rentáveis, e negócios não rentáveis não duram.

AS MARCAS DE CONSUMO PODEM APRENDER UMA LIÇÃO COM AS MARCAS *BUSINESS-TO-BUSINESS*

A maioria dos exemplos que demos neste livro são de marcas de consumo bem conhecidas. Por isso, achamos que é importante compartilhar um exemplo do mundo *business-to-business* (B2B) porque as marcas são igualmente importantes nesse setor.

Em *How to Win Friends and Influence Profits*, Kean e Cowpe compartilham a história de um escritório de advocacia em Londres que cresceu dramaticamente ao identificar quais clientes eram os "certos".

A Diretora de Desenvolvimento de Negócios desse escritório de advocacia trabalhou com seus parceiros seniores para avaliar quantos dos mais de mil clientes realmente eram lucrativos. Verificou-se que apenas três por cento da base de clientes eram considerados rentáveis, e eram chamados de Perspectivas de Nível Um. Foram selecionados não só com base no potencial de receitas atuais e futuras, mas também na importância estratégica para a empresa. Um exercício semelhante revelou mais setenta clientes com perspectivas de Nível Dois em setores em que a empresa pretendia atuar ou aprofundar sua atuação. O escritório decidiu que a hierarquia das perspectivas de Nível Um e Dois não deveria significar que o serviço recebido por essas empresas fosse superior ao recebido por outras. O objetivo do exercício não era reequilibrar os esforços de expertise do escritório em uma capacidade profissional, era simplesmente priorizar onde e como gastar seus próprios recursos de desenvolvimento.

O resultado desse processo de priorização foi gerar um debate interno considerável, e não uma pequena divergência sobre o que eram clientes de Nível Um e Nível Dois e como cada um deveria ser tratado. Porém, tendo chegado a um acordo, em princípio sobre os níveis, o escritório de advocacia conseguiu chegar a um acordo sobre o caminho a seguir. Dois parceiros foram designados como Líderes de Desenvolvimento de Clientes para cada uma das trinta perspectivas de Nível Um. Além disso, dez outros parceiros com as melhores práticas foram atribuídos a cada par de Líderes de Desenvolvimento de Clientes para apoiar seus esforços. Ao concentrar-se em algumas perspectivas-chave e no compromisso dos recursos certos com elas, o escritório de advocacia conseguiu crescer e, além disso, afastar clientes com menor potencial de lucro. Tornou-se um dos escritórios de advocacia de crescimento mais rápido em Londres. A resposta a esse mito é muito simples, mas é difícil de realizar. Primeiro, é preciso saber quem são seus clientes certos; depois, o que eles mais valorizam; e, depois, entregar isso a eles.

Então, se o cliente certo reclamar porque você não o está tratando corretamente, ele está certo em reclamar.

O cliente certo tem sempre razão.

LEITURA ADICIONAL

David Kean e Chris Cowpe. *How to Win Friends and Influence Profits*. Marshall Cavendish, 2008.

MITO 9

VOCÊ PRECISA DE MUITAS DÉCADAS PARA CONSTRUIR UMA MARCA VERDADEIRAMENTE GLOBAL

Enquanto estamos testemunhando a construção de marcas globais em prazos cada vez mais curtos, isso é bem diferente de durar e prosperar no longo prazo.

Esse mito é mais complexo do que pode parecer à primeira vista.

Durante uma parte significativa dos últimos cem anos, a construção de uma marca global levava um tempo considerável. Desde meados dos anos 1970, porém, as coisas têm mudado, e hoje estamos rodeados de marcas globais que, em alguns casos, demoraram menos de uma década para serem construídas.

Como o resto do universo conhecido e observável, parece que o processo de construção da marca está se acelerando.

Não é realmente possível sondar essa área de forma significativa sem antes tentar estabelecer o que queremos dizer com uma marca global. Muitas marcas, bem conhecidas, podem já se ver como "globais", especialmente se forem facilmente acessíveis on-line e tiverem pelo menos alguns clientes em diferentes regiões do mundo. Porém, quando falamos de marcas globais, estamos realmente falando de marcas que alcançaram níveis incrivelmente altos de reconhecimento e estão globalmente presentes (se não forem dominantes) em todas as regiões do mundo. Essas marcas são os gigantes do comércio e as marcas que são vistas por alguns como símbolos de tudo o que está errado com o capitalismo global.

Para nós, é claro, essas são as marcas que conseguiram atender melhor às necessidades dos clientes, por mais tempo e em mais lugares, e que fizeram um trabalho melhor do que a maioria de seus concorrentes. Podem agora deter uma posição dominante no mercado, mas essa é normalmente uma posição que foi duramente conquistada.

UMA DEFINIÇÃO FUNCIONAL DE "MARCA GLOBAL"

Uma marca verdadeiramente global pode ser assim identificada:

- É provável que seja uma das maiores marcas a operar em sua categoria e, muitas vezes, fará parte de uma das maiores empresas do mundo, com receitas elevadas.
- Terá altos níveis de *awareness*, por isso, quer você viva no Taiti ou em Marrakesh, é provável que esteja familiarizado com ela.
- Será uma marca que, independentemente de onde esteja sediada, ganhará receitas significativas em quase todas as principais regiões comerciais.

Essa definição é também a que é amplamente utilizada na tabela de classificação da Interbrand — para quem quiser ver isso mais detalhadamente, encontrará muitas das marcas referenciadas neste capítulo incluídas nessa tabela.

Então, de que marcas globais estamos falando? Claro que há marcas como Coca-Cola, Disney e McDonald's. A maioria das pessoas em um centro comercial em qualquer lugar do mundo provavelmente faria uma lista de dez marcas globais tão facilmente quanto poderiam contar até dez. Elas são onipresentes e são tão familiares que fazem parte de nossas vidas cotidianas.

No entanto, não são apenas as marcas de consumo que alcançaram esse status. A IBM, uma marca B2B, regularmente lidera as tabelas de classificação de valor de marcas globais; em 2017, alcançou a décima posição no estudo *Best Global Brands* da Interbrand, com um valor de marca estimado em mais de 46 bilhões de dólares. A maioria das pessoas no mundo faz alguma ideia do que é a IBM e o que ela faz. Nada mau para uma marca de negócios especializada em consultoria tecnológica.

ALGUMAS MARCAS GLOBAIS JÁ EXISTEM HÁ MUITO TEMPO

Vamos começar por reconhecer a realidade de que algumas de nossas maiores marcas globais demoraram muito tempo para serem construídas. Uma marca com inquestionavelmente alguns dos mais elevados níveis de *awareness* do planeta é também uma das mais antigas, a Coca-Cola. Essa marca supostamente nasceu em 29 de janeiro de 1892, portanto teria 126 anos de idade. Ela começou em uma pequena loja e agora é uma corporação global. A jornada da Coca-Cola tem sido literalmente a história do capitalismo global.

Em comparação com a Coca-Cola, marcas antigas como Toyota e Samsung são relativamente novas, ambas tendo sido fundadas há cerca de oitenta anos. O livro *Established* lista uma série de empresas que existem há centenas de anos. Ele inclui Guinness (fundada em 1759) e Wrigley (1886), ambas marcas globais. É incrível pensar na jornada dessas marcas. Os eventos globais e os diferentes desafios de mercado que cada uma teve de superar; a disposição, a previsão e a resistência para lidar com cada desafio; os inevitáveis erros que tiveram de ser enfrentados e as lições aprendidas. Um pouco como um artista musical global estabelecido, muitas dessas marcas se desenvolveram e amadureceram aos olhos do público, crescendo ao encontrar maneiras de se manterem novas, empolgantes e relevantes para seus clientes. Então, se essas gigantes do branding levaram muitas décadas para atingir seu auge, talvez essas marcas sejam realmente a prova do mito?

ALGUMAS MARCAS DE TECNOLOGIA SÃO MAIS VELHAS DO QUE VOCÊ PENSA

Essa sensação poderá ser ainda mais agravada quando lhe dissermos que algumas de nossas marcas de tecnologia mais famosas também são um pouco mais antigas do que você poderia pensar. A Apple, por exemplo, foi fundada em Cupertino, Califórnia, em 1º de abril de 1976. Isso faz com que o negócio mais valioso do mundo tenha 42 anos. Não é exatamente uma pessoa idosa em termos humanos, mas certamente dentro da definição de meia-idade da maioria das pessoas. Claro que as marcas passam, muitas vezes, por um longo período de gestação e foi preciso o retorno de Steve Jobs em 1997 para realmente ressuscitar o encanto da Apple e para transformá-la (junto com seus funcionários) no negócio que é hoje.

Curiosamente, a Microsoft, a nêmesis de longa data da Apple, nasceu apenas um ano antes, em 4 de abril de 1975; até mesmo uma marca tão onipresente como a Microsoft não poderia ser chamada exatamente de novata.

Então, foram necessários mais de quarenta anos para que a Apple e a Microsoft se tornassem os players globais dominantes em computação pessoal (embora de maneiras diferentes). É possível para qualquer marca fazer isso mais rapidamente? Jobs e Gates levaram suas marcas das garagens de seus pais para o topo do mundo. Eles misturaram visão com um talento incrível e empreendedorismo para se tornarem as forças dominantes em computação e dispositivos inteligentes conectados. Eles viram diferentes versões do futuro e ambos conseguiram alcançá-lo com sucesso. Alguém pode vencer esses dois?

OS DESTRUIDORES DE MITOS

Mesmo as conquistas de Steve Jobs e Bill Gates são, até certo ponto, ofuscadas — pelo menos em termos de velocidade — pela incrível ascensão da Amazon e do Facebook. Essas empresas são relativamente jovens. A Amazon foi fundada há menos de 24 anos, e o Facebook há dezoito — ainda está na adolescência! Esses negócios saíram de lugar nenhum para serem globalmente dominantes em um quarto do tempo que a Samsung levou para se tornar uma marca global. Isso é verdadeiramente notável. Alguém conseguiu uma taxa de velocidade maior que a do Facebook? Bem, tanto a Netflix como o PayPal têm (no momento em que escrevemos) ainda vinte anos, por isso, por mais incrível que pareça sua ascensão, nem sequer eles superam o Facebook.

Por que é que isso foi possível? No caso do Facebook, é o puro poder da tecnologia para facilitar a comunicação e a interação social. Cresceu nas costas de uma explosão de dispositivos inteligentes conectados. À medida que esses dispositivos se tornaram mais baratos e mais acessíveis e porque os operadores móveis não dependem da infraestrutura fixa que costumava travar o avanço dos países em desenvolvimento, cada vez mais pessoas têm conseguido se conectar. É claro que o Facebook também é altamente eficiente. Um número relativamente pequeno de funcionários é exigido para administrar esse gigante da mídia social. Alguns podem argumentar que essas marcas não são verdadeiramente globais, uma vez que estão impedidas de operar em territórios como a China. Talvez isso seja verdade em termos absolutos, mas o alcance geográfico do Facebook e sua popularidade em toda a Ásia são inegáveis.

A Amazon é, de certa forma, ainda mais notável. Embora tenha sido, sem dúvida, ajudada por todas as tendências que descrevemos anteriormente, também fez enormes investimentos em tecnologia e infraestrutura física. Ela fez uma grande aposta no futuro do varejo e parece que estava certa. Ela não só tem um negócio enorme nos Estados Unidos, mas também está presente em mais de treze países, incluindo lugares como a Índia, onde o Prime está agora disponível em mais de cem cidades. O potencial de comércio eletrônico de um país como a

Índia é enorme. A escala e a complexidade de negócios da Amazon são surpreendentes. E não só conseguiu continuar construindo seu núcleo, como também se expandiu totalmente para edição, distribuição de conteúdo, produção e *streaming* de programas de TV, dispositivos inteligentes e, agora, dispositivos inteligentes ativados por voz. A Amazon provavelmente tem sido ajudada pelo acesso a grandes quantidades de capital relativamente barato e uma comunidade de investidores paciente, mas parece que tem ganhado suas apostas.

Para qualquer pessoa interessada, pedimos que leia a carta de Jeff Bezos sobre a diferença entre as empresas do dia 1 e as empresas do dia 2 (Capítulo 10). É fascinante, e é sua visão pessoal sobre a mentalidade necessária para se manter à frente. É desnecessário dizer que fala muito sobre a importância de estar perto de seu cliente.

OS OPORTUNISTAS

No entanto (e talvez apropriadamente), a Tesla conseguiu superar todas as outras e está chegando ao seu décimo quinto aniversário. A Tesla ocupa o 98º lugar na tabela da Interbrand, com um valor de marca estimado em quatro bilhões de dólares, um feito extraordinário. Em virtude de seu marketing, de sua ambição e de seus revolucionários carros elétricos (embora não sejam produzidos em massa), a Tesla tornou-se uma marca reconhecida por pessoas em todo o mundo.

Marcas como Uber e Airbnb são ainda mais jovens. A Uber tem apenas nove anos e a Airbnb está chegando perto de seu décimo aniversário. Embora sua ascensão tenha sido espetacular, ambas encontraram contratempos recentemente e nenhuma delas conseguiu emplacar nas principais tabelas de classificação das maiores marcas mundiais. É ótimo ser bem conhecido, mas uma marca verdadeiramente global também gera receitas globais significativas. Será interessante ver se e quanto tempo leva para essas marcas saltarem a Lenovo e chegarem ao top cem.

Uma palavra de cautela, no entanto: enquanto assistimos à construção de marcas globais em prazos cada vez mais curtos, isso é bem diferente de sobreviver e prosperar no longo prazo. Marcas como Coca-Cola podem ter sido criadas há mais de um século, mas seu feito é terem sido parte da vida de tantas pessoas por tanto tempo. Será fascinante ver quantas das marcas mais recentes que já citamos aqui estarão por aí nos próximos vinte anos.

É verdade que, nos últimos cem anos (e mesmo depois disso), foram necessárias muitas décadas para construir uma marca verdadeiramente global. Foram necessárias até para um negócio veloz e fortemente franqueado, como é o caso do McDonald's nos 63 anos que levou para alcançar a posição que ocupa hoje. Porém, os tempos mudam e o que antes era a norma tornou-se um mito.

Agora é bastante óbvio que leva muito menos tempo para construir uma marca verdadeiramente global. A Tesla conseguiu alcançar o status de marca global em pouco menos de quinze anos. Também é bem possível que esse processo se torne ainda mais rápido. Mesmo que a Uber ou a Airbnb não consigam fazê-lo, aqui está a aposta de que outra marca sairá da relativa obscuridade e, dentro de poucos anos, se tornará outro gigante global.

LEITURA ADICIONAL

Dark Angels. *Established: Lessons from the World's Oldest Companies*. Unbound, 2018.

"Interbrand, Best Global Brands 2017". Disponível em: <http://interbrand.com/best-brands/best-global-brands/2017/ranking>.

MITO 10

UMA MARCA É "PROPRIEDADE" DO DEPARTAMENTO DE MARKETING

O CEO tem de garantir que a marca esteja intimamente ligada à voz do cliente, que o negócio entenda do que os clientes precisam e que isso se reflita na forma como a jornada do cliente é organizada.

Esse mito teima em persistir. A questão da propriedade é mais complexa do que poderia parecer à primeira vista.

Num sentido estritamente legal, a marca pertence à entidade ou ao indivíduo que detém a propriedade das marcas registradas. Em muitos casos, as marcas registradas serão de propriedade da empresa que as comercializa, mas nem sempre é o caso. Algumas empresas operam sob licença, o que significa que pagam a um terceiro pelo privilégio de poder utilizar seus ativos intangíveis, ou seja, suas marcas registradas e a propriedade intelectual (PI). Esse modelo é frequentemente utilizado no setor de bebidas, quando um fabricante local produz e comercializa bebidas sob licença de um terceiro proprietário. Em alguns casos (principalmente para minimizar sua exposição fiscal), as empresas até mesmo licenciam sua marca de volta para seus próprios negócios operacionais locais. As marcas são incrivelmente poderosas e valiosas e, como tal, são geralmente cuidadas, adquiridas ou licenciadas centralmente. Raramente são propriedade do departamento de marketing.

Embora seja verdade que uma marca, em virtude de suas marcas registradas e PI, possa legalmente ter donos, o que é realmente interessante sobre elas é que, de duas outras formas significativas, é o cliente que as possui. Em primeiro lugar, como intangível, a marca existe efetivamente e pertence ao espírito do cliente e, em segundo lugar, devido a um conceito jurídico pouco conhecido denominado "transferência de direitos", quando um cliente adquire um produto de marca, por exemplo, uma barra de chocolate Mars, no momento da compra o produto torna-se propriedade do cliente.

Não é diferente da compreensão católica da transubstanciação: no momento da comunhão, a hóstia e o vinho tornam-se o corpo e o sangue de Cristo. Da mesma forma, no ponto de venda, a marca torna-se propriedade do cliente. Até que tenham consumido o produto, e pelo tempo que quiserem acreditar que tem um efeito em sua vida, esse produto de marca muito específico lhes pertence. No entanto, é claro que o ativo intangível denominado marca Mars continua a ser propriedade da Mars Corporation, tal como o conceito intangível de Deus continua a ser propriedade de Deus.

TUDO SE RESUME AO CLIENTE

Essa distinção é importante por várias razões. Primeiro, sua marca é realmente apenas a soma de todas as coisas que você já disse e fez. Como Jeff Bezos, CEO da Amazon, supostamente observou, uma marca é "o que as pessoas dizem sobre você quando você não está na sala". É a impressão que você deixa na mente do seu cliente. Em segundo lugar, se você perder de vista o que seu cliente quer, então sua marca está suscetível a perder rapidamente relevância e apelo. Em terceiro lugar, se seu cliente possui sua marca, então o CEO é aquele que está encarregado de a gerir no momento.

POR QUE A MARCA FOI DELEGADA AO MARKETING

Nos primeiros tempos do consumismo pós-guerra, as marcas estavam inicialmente desempenhando uma função de identificação e sinalização. Eram uma forma simples de diferenciar um produto ou serviço do outro. As empresas não costumavam prestar muita atenção às necessidades e exigências íntimas de seus clientes. Uma empresa normalmente fabricava um produto e depois procurava maneiras de vender mais. O produto era feito, rotulado e, em seguida, dependendo do tamanho e dos recursos da empresa, anunciado. Nesse contexto, é fácil entender por que as empresas acreditavam que o departamento de marketing possuía a marca; era ele que fazia o branding do produto e desenvolvia os anúncios.

Só no fim dos anos 1960 e início dos anos 1970 é que muitas empresas começaram a perguntar a seus clientes o que realmente queriam. Isso causou muita angústia nos negócios e confusão na indústria. De repente, os mercados foram inundados com novos e animadores produtos fabricados com níveis de qualidade razoáveis a preços altamente competitivos. Indústrias inteiras foram interrompidas à medida que novas marcas como Honda, Datsun e Sony foram disponibilizadas para um público ansioso. Ao longo das décadas seguintes, os departamentos de marketing da maioria das empresas tornaram-se necessariamente mais sofisticados. Eles realizaram pesquisas qualitativas e quantitativas, segmentaram e priorizaram seus clientes, construíram um portfólio de marcas e lançaram campanhas integradas em TV, rádio, jornais, marketing direto e de campo. O marketing estava se profissionalizando, reforçando a sensação de que "possuía" a marca; afinal, tinha cargos chamados de "gerente de marca".

Ao mesmo tempo, os negócios também foram estruturados de modo que cada departamento espelhasse amplamente seu lugar na cadeia de valor. Compras, engenharia, produção, finanças, vendas, marketing e recursos humanos — todos operando em seus silos individuais e fazendo seu trabalho. Cada um tinha sua área de especialização. Claro que, na realidade, a marca ainda residia na mente do cliente, mas não *parecia* isso. Na aparência e na prática, a marca ainda pertencia ao departamento de marketing.

Então, em 1989, a internet foi inventada e o tiro de largada foi disparado sobre o que viria a se tornar a revolução digital. O crescimento do poder de computação, da tecnologia móvel, da transferência de dados e da convergência mudou o mundo para sempre. Avançamos para o presente e existimos em um mundo onde podemos interagir com as marcas de qualquer forma e por meio de qualquer canal que preferirmos. Se quisermos comprar um produto em nosso celular e recebê-lo no dia seguinte, esperamos que isso aconteça sem problemas. Se entrarmos em contato com alguém do serviço de atendimento ao cliente, esperamos que as pessoas relevantes dentro da empresa estejam cientes do problema e disponíveis para resolvê-lo com rapidez e eficiência. Quando revisitamos o site de um varejista, esperamos que ele se lembre do que estávamos olhando da última vez ou faça sugestões úteis sobre o que podemos encontrar de novo ou achar interessante. Se queremos chamar um táxi instantaneamente ou personalizar um produto com o toque do botão, então temos uma expectativa razoável de que isso vai acontecer. Vivemos em um mundo onde a Amazon pode entregar a maior parte de seu estoque em nossas portas dentro de 24 horas, onde podemos encomendar um produto da Argos às 17h30 e recebê-lo em nossas casas às 20h30, onde podemos negociar com o banco HSBC por meio de uma variedade de canais e dispositivos e receber uma experiência rápida, segura e transparente.

A MUDANÇA DO PAPEL DO CEO

Claro que, nos bastidores, dar aos clientes o tipo de experiências sem atrito e fluidas que eles esperam é difícil e complexo. Isso requer que as empresas sejam unidas e receptivas e que atuem de forma coerente em todas as partes da jornada do cliente, para reconhecer que a tecnologia e o poder das mídias sociais significam que elas não podem se dar ao luxo de ter uma lacuna entre o que dizem e o que fazem. Em muitos mercados, as empresas estão agora finalmente se alinhando e se organizando em torno do cliente — um reconhecimento físico de que a marca é (e sempre foi) propriedade do cliente e que a orquestração e entrega da experiência única da marca para o consumidor é agora esperada. O CEO tornou-se efetivamente o gerente de marca sênior.

O CEO tem de garantir que a marca esteja intimamente ligada à voz do cliente, que o negócio entenda o que os clientes precisam e que isso se reflita na forma como a jornada do cliente é organizada. Além de ter uma compreensão íntima das finanças, um CEO precisa desenvolver um conjunto de indicadores avançados, os quais ajudam a garantir que o negócio continue relevante e atrativo.

> "Jeff, como é o Dia 2?"
>
> Essa é uma pergunta que me fizeram na nossa recente reunião geral. Tenho lembrado às pessoas que é o Dia 1 há algumas décadas. Eu trabalho em um prédio da Amazon chamado Day l e, quando mudei de prédio, levei o nome comigo. Passo o tempo pensando nisso.
>
> "O Dia 2 é inércia. Seguido de irrelevância. Seguido de um declínio doloroso e excruciante. Seguido da morte. E é por isso que é sempre o Dia 1."
>
> Para ter certeza, esse tipo de declínio aconteceria em câmera extremamente lenta. Uma empresa estabelecida poderia viver o Dia 2 por décadas, mas o resultado final ainda viria.
>
> Estou interessado na pergunta: como você atrasa o Dia 2? Quais são as técnicas e táticas? Como você mantém a vitalidade do Dia 1, mesmo dentro de uma grande organização?
>
> Tal pergunta não pode ter uma resposta simples. Haverá muitos elementos, caminhos múltiplos e inúmeras armadilhas. Não sei a resposta completa, mas posso saber partes dela. Aqui está um pacote inicial de elementos essenciais para a defesa do Dia 1: obsessão pelo cliente, uma visão cética dos representantes, a adoção ávida de tendências externas e tomada de decisões em alta velocidade.

Figura 10.1 ***Por que é*** **sempre** ***o Dia 1: carta aberta de Jeff Bezos***

Jeff Bezos, CEO da Amazon, tem uma perspectiva interessante sobre esse desafio. Ele fala sobre a importância de permanecer sempre uma empresa do "Dia 1", e não uma empresa do "Dia 2". Segundo Bezos, as empresas do "Dia 1" estão intimamente ligadas às necessidades de seus clientes e nunca ficam paradas. Elas evitam representantes e são naturalmente cautelosas em confiar apenas na pesquisa de clientes — eles tomam o tempo necessário para falar diretamente com os clientes e entender as questões reais por trás das aparências. As empresas do "Dia 2" são aquelas que, por meio do seu desinteresse pelo cliente, já embarcaram no processo de declínio, confiando demais na pesquisa e na avaliação comparativa, satisfeitas demais com seu próprio desempenho. Bezos é particularmente instrutivo para os CEOs que procuram entender a natureza de seu papel na economia digitalizada de hoje.

A MARCA É O QUE A MARCA FAZ

A maior consequência da revolução digital nas empresas foi, por si só, lançar luz sobre a conduta e o comportamento de cada empresa. Se você der aos clientes um serviço consistentemente ruim, é provável que muitas pessoas, cortesia das mídias sociais, ouçam falar sobre isso muito rapidamente. Se você abraçar uma posição publicamente, mas depois fizer algo diferente nos bastidores, as chances são grandes de que os clientes descubram. Se você tratar mal seus funcionários, isso não ficará em segredo por muito tempo: plataformas como a glassdoor.com permitem que qualquer pessoa que se inscreva leia as postagens anônimas de funcionários de todos os tipos de negócios imagináveis.

Agora, mais do que nunca, a "marca é o que a marca faz": o negócio e a marca são inseparáveis. Isso tornou a cultura interna de um negócio extremamente importante. Nenhum sistema no mundo pode compensá-lo por empregados infelizes ou insatisfeitos; um bom serviço vem de um desejo e vontade de fazer o melhor para o cliente. Quase todas as marcas de serviços celebradas investiram muito na cultura interna.

Southwest Airlines, Virgin Trains, Metro Bank e First Direct sabem que a forma de obter um serviço notável é criar uma cultura fantástica. É possível quantificar isso também. A *service-profit chain* (cadeia de serviços-lucro) há muito demonstrou uma ligação comprovada entre uma ótima cultura, um ótimo serviço e clientes rentáveis e altamente satisfeitos. Proposto pela primeira vez como teoria da gestão empresarial em um artigo de 1994 na *Harvard Business Review* escrito por James L. Heskett, Thomas Jones, Gary Loveman, W. Earl Sasser e Leonard Schlesinger, foi posteriormente tema de um livro de Heskett, Sasser e Schlesinger e é hoje um conceito altamente influente nos negócios. A ligação que estabelece tem profundas implicações para qualquer CEO que pretenda construir um negócio bem-sucedido e respeitado.

Esse requisito não se resume apenas a capacitar os funcionários do atendimento ao cliente. Dar a todos os empregados um sentido claro do propósito e da motivação que está por trás do negócio é uma parte fundamental do desenvolvimento de uma organização de alto desempenho.

A ESTRUTURA É IMPORTANTE

A estrutura organizacional também é importante porque tem o potencial de frustrar as tentativas de construir interações perfeitas e sem atritos com os clientes. As empresas já não podem funcionar com uma série de departamentos individuais; precisam melhorar sua capacidade de coordenar equipes multidisciplinares para servir às necessidades do cliente. Não se pode permitir que os dados e a percepção se definam com a equipe de análise. O serviço ao cliente não pode ser travado por sistemas simples demais. Os funcionários não podem deixar de tomar a iniciativa porque estão esperando uma aprovação. Os vendedores não podem ser autorizados a frustrar um cliente leal porque não o reconheceram quando ele se cadastrou. Os negócios nativos digitalmente começam com uma vantagem, mas isso pode ser desperdiçado com uma má gestão ou liderança. As empresas estabelecidas, pelo contrário, têm de fazer diferentes setores colaborarem, dar um fim na inércia e aprender a operar com propósito e ritmo.

A MARCA PERTENCE AO CLIENTE

Para empresas de todos os tipos, o sucesso futuro dependerá de sua capacidade de se organizar em torno do cliente, de aceitar que a reputação é conquistada, e não cinicamente manipulada, de passar de uma tendência para o comando e controle para uma forma de trabalho mais aberta e flexível. Deve-se entender que, embora as marcas registradas e a PI possam ser legalmente de propriedade de uma empresa ou indivíduo, o poder real das marcas é que elas residem na mente do cliente e que cada ação individual tomada em nome de um cliente tem o potencial de agregar valor e receita.

É por isso que uma marca não é "propriedade" do departamento de marketing.

LEITURA ADICIONAL

Harvard Business Review, "The Service-Profit Chain". Disponível em: <https://hbr.org/2008/07/putting-the-service-profit-chain-to-work>.

W Earl Sasser Jr., Leonard A Schlesinger, James L Heskett. *The Service-Profit Chain: How Leading Companies Link Profit and Growth to Loyalty, Satisfaction and Value.* Free Press, 1997.

MITO 11

O PROPÓSITO DA MARCA É APENAS A RSC COM OUTRO NOME

O propósito genuíno da marca não tem a ver com a responsabilidade social corporativa tradicional (RSC). É a principal motivação de uma organização, a razão pela qual a marca existe em primeiro lugar.

O propósito da marca é um dos temas cada vez mais discutidos nos conselhos de administração e nas escolas de negócios. Na verdade, a ideia de adotar um propósito parece estar em perigo de se tornar moda. Isso representa tanto uma oportunidade como um risco. O pensamento de que as empresas devem dar maior ênfase à razão pela qual "existem" deve ser amplamente acolhido, mas, tal como acontece com muitas coisas que se tornam subitamente o último tema de discussão do c-*level*, também corre o risco de ser fundamentalmente mal compreendido e potencialmente corrompido. O propósito da marca tem menos a ver com a tradicional responsabilidade social corporativa (RSC), definida pelo FT Lexicon como "uma abordagem empresarial que contribui para o desenvolvimento sustentável, proporcionando benefícios econômicos, sociais e ambientais para todos os stakeholders", e tem tudo a ver com a gestão de uma empresa sustentável e eficaz.

O propósito de marca está se tornando um tema quente, porque as empresas estão percebendo que os clientes não estão apenas interessados no que um negócio faz ou como mantém uma vantagem sobre a concorrência. Cada vez mais, os clientes também estão interessados em saber por que uma empresa existe. Qual é a motivação que está no coração da empresa?

O SIGNIFICADO É IMPORTANTE

Em muitas economias, os clientes são confrontados com uma infinidade de escolhas. Em qualquer categoria de produto ou serviço, é provável que várias empresas estejam competindo por sua atenção e seu dinheiro. Os clientes têm dificuldade de diferenciar genuinamente os fornecedores e saber em quem confiar. Existe também uma desconfiança generalizada do público em relação à política e às grandes empresas. Essa crise de "confiança" significa que os clientes estão, compreensivelmente, colocando uma ênfase muito maior na autenticidade e procurando marcas que, em sua opinião, tenham valor real e maior significado do que simplesmente ganhar dinheiro.

Em 2017, o Grupo Havas publicou os resultados de sua pesquisa bienal ("Marcas Significativas 2017"), que abrange 1.500 marcas globais e reúne as opiniões de mais de trezentos mil entrevistados globalmente. A pesquisa acompanha e mede as diferentes relações que as pessoas têm com as marcas e tem demonstrado de forma consistente e conclusiva que aquelas consideradas mais significativas pelos clientes são capazes de gerar mais valor para o negócio — geralmente aumentando sua participação na carteira do cliente em nove vezes a média e superando a média do mercado de ações em 206 por cento.

Ser claro sobre o "porquê" está se tornando um importante imperativo empresarial. Demonstra aos clientes e funcionários que há mais em seu negócio do que apenas a busca de lucro no curto prazo. Ele coloca sua atividade em um contexto mais amplo e ajuda a ilustrar como você está construindo valor sustentável no longo prazo.

Naturalmente, gerar lucro e agir de forma responsável continuam a ser os pré-requisitos essenciais para qualquer bom negócio, mas essas são consequências, que decorrem de boas decisões empresariais e da boa governança. Um propósito é algo bem diferente; é a motivação imutável, a coisa que pode ajudá-lo a tomar decisões efetivas sobre o que é certo para seus clientes e seus funcionários. Um objetivo é muito mais do que uma única ação ou uma iniciativa específica de RSC. É a razão pela qual você faz o que faz. Por isso, ela deve influenciar todos os aspectos de seu comportamento e orientá-lo em tempos de dificuldade ou incerteza.

OBJETIVO EM AÇÃO: IKEA, IBM, GOOGLE

A Ikea é um exemplo de uma empresa que desenvolveu e implementou um poderoso propósito que influencia todos os aspectos do seu negócio. Seu compromisso de criar "um cotidiano melhor para o maior número possível de pessoas" infunde todos os aspectos de seu funcionamento e comportamento. Seu propósito está enraizado na noção de que o bom design deve estar disponível para todos. É um negócio aberto e democrático que fornece produtos bem concebidos e acessíveis no contexto de uma experiência de varejo envolvente e divertida. Ela pensa muito sobre a experiência do cliente e faz das coisas que a tornam acessível uma virtude, ou seja, retirada do produto pelo próprio cliente, montagem pelo próprio comprador e longas filas. O objetivo também está presente na forma como a Ikea recruta e recompensa os funcionários: atualmente, 45 por cento de seus gestores são mulheres e a remuneração é estruturada em função das necessidades dos trabalhadores, em vez de se limitar a refletir a média do mercado. Em termos de sustentabilidade, a Ikea também investe bilhões na produção de energia sustentável — diminuindo o impacto ambiental e social negativo gerado por suas necessidades energéticas. Essa é mais uma prova do propósito em ação que consiste em ajudar a criar "uma vida cotidiana melhor para o maior número possível de pessoas".

Por mais de cem anos, a IBM tem sido influenciada e guiada pelo propósito de seu presidente inspirador, Thomas Watson, a saber, a criação de "tecnologias da informação para beneficiar a humanidade". A adesão da IBM a essa ideia e a promulgação dela a permitiram liderar e atravessar enormes mudanças na forma como a tecnologia evoluiu.

Desde calculadoras, passando por supercomputadores, consultoria de negócios e o conceito de "planeta mais inteligente", a IBM conseguiu manter-se relevante e, na maioria dos casos, à frente da concorrência.

O propósito declarado da Google é "organizar as informações do mundo para que sejam universalmente acessíveis e úteis para todos". É um foco que tem impulsionado o negócio desde sua criação e se mostrado cada vez mais bem-sucedido. Embora seja uma ambição grandiosa e (talvez) digna, certamente não foi formada a partir de uma iniciativa de RSC. Isso vai até o cerne do que, e como, a Google faz e cria valor compartilhado. Algumas empresas importantes viram claramente o valor da adoção e concretização de um propósito claro. Pode agir como um sistema operacional, moldando e orientando o comportamento em todo o negócio. Como nós, verá que ele também pode ser muito útil em tempos de crise.

PROPÓSITO E FAZER A COISA CERTA

Em *On purpose*, há uma história que demonstra como o propósito impulsiona a tomada de decisões em tempos críticos. Em outubro de 2012, a costa leste dos Estados Unidos foi visitada pelo furacão Sandy — descrito como a tempestade do século. Causou 85 mortes, deixou oito milhões de pessoas sem energia, milhares de desalojados e causou danos generalizados a bens e infraestruturas.

No livro, os autores explicam que a American Apparel, uma varejista de roupas dos Estados Unidos, decidiu que a melhor maneira de ajudar os clientes atingidos pela tempestade (ou como eles descreveram, "entediados pela tempestade") era oferecer um desconto de vinte por cento em todas as roupas por um período de 36 horas. A American Apparel efetivamente viu a tempestade como uma oportunidade de varejo.

Compare com a abordagem adotada pelas marcas Duracell e Tide. Elas nem tentaram "vender" aos seus clientes. Em vez disso, a Duracell implantou uma série de geradores de energia da marca que auxiliaram diretamente as comunidades mais afetadas. Da mesma forma, a Tide lançou centros móveis de lavanderia, dando às pessoas a oportunidade tão necessária de lavar as poucas roupas que tinham. Duracell e Tide resistiram à oportunidade de procurar receita e, em vez disso, encontraram formas de ajudar genuinamente os clientes e suas comunidades.

Ambas as marcas são de propriedade da P&G (Procter & Gamble), que, por sua vez, é uma empresa orientada para objetivos específicos. O objetivo da P&G é melhorar a vida de mais consumidores com mais marcas e produtos da P&G todos os dias. Em tempos de incerteza, essas marcas sabiam responder adequadamente à crise, porque eram influenciadas por um propósito claro. Elas não tentaram apenas ajudar; elas sabiam como ajudar.

ENCONTRAR E ARTICULAR SEU PROPÓSITO

Então, como você constrói ou articula um propósito que pode influenciar positivamente todos os aspectos de seu negócio? Bem, ao contrário do mito, você não começa pensando em como pode "fazer o bem" ou em como abordar a agenda da sustentabilidade (você deveria estar fazendo essas coisas de qualquer maneira!). Você começa procurando as coisas que têm o potencial de unir seus clientes e funcionários. Você deve fazer uma pergunta simples que pode provocar um considerável exame de consciência: "O que é mais importante para nossos clientes e nossos funcionários?" Se você puder resolver isso, estará no caminho certo para descobrir seu autêntico propósito.

POTENCIAIS FONTES DE CONFUSÃO

É também aqui que boa parte da confusão começa a surgir e porque o propósito é, muitas vezes, confundido com "fazer o bem" ou promulgar iniciativas de RSC válidas. Estamos muito acostumados a ouvir as marcas e as empresas falarem sobre o que querem e como querem fazer. Por exemplo, elas querem "ser a número um" ou "oferecer grandes retornos aos investidores". Mas estamos menos acostumados a ver marcas que expressam uma motivação genuína, a coisa que realmente une seus clientes e funcionários. Assim, quando finalmente somos apresentados a algo que é expresso em termos mais emocionais, pode parecer um sentimento mais condizente com um relatório de sustentabilidade. Isso é perder de vista a questão. Marcas que têm em seu coração um propósito autêntico e relevante mostram a verdade sobre o relacionamento entre seus clientes, funcionários e stakeholders. Elas mostram a receita de como o valor é criado e o plano de como ele pode ser sustentado.

O QUE É MAIS IMPORTANTE PARA SEUS CLIENTES E FUNCIONÁRIOS?

A Nissan percebeu que a qualidade do ar estava se tornando uma das questões globais mais importantes para os clientes e funcionários — e que era hora de o setor automotivo tomar medidas para reduzir as emissões. Embora os veículos estejam, em geral, tornando-se mais ecológicos e eficientes, a tecnologia oferece agora a perspectiva realista de reduzir drasticamente as emissões e, um dia, eliminá-las. Isso também se aplica aos acidentes rodoviários graves. A tecnologia tem a capacidade de tornar os automóveis muito mais seguros e reduzir o número de acidentes. Por conseguinte, a Nissan fez de zero emissões e zero mortes a pedra angular de seu propósito: "Promover a mobilidade para um futuro sem emissões e sem mortes nas estradas". Essa declaração de intenções é crível tanto por sua posição de liderança nos veículos elétricos como por seu investimento contínuo na tecnologia de veículos elétricos e autônomos, que (com os outros fabricantes) têm potencial para proporcionar um mundo sem emissões e sem mortes.

O QUE É MAIS IMPORTANTE?

Tal como *On Purpose* explica, a Premier Inn é um exemplo de outro negócio que identificou com êxito o que mais interessava aos seus clientes e funcionários. À primeira vista, o objetivo da Premier Inn pode parecer menos ambicioso do que o da Nissan, mas, no contexto de suas atividades (e daquilo que pode influenciar de forma significativa), não é menos poderoso. A Premier Inn percebeu que o que mais importava para seus clientes e funcionários era simplesmente ajudar os clientes a "se sentirem incríveis". A maioria dos hóspedes de um Premier Inn geralmente está lá por uma razão específica, muitas vezes para uma reunião de negócios importante ou evento familiar. O que os hóspedes mais valorizam está sendo feito para que eles se sintam bem e possam ser a melhor versão de si mesmos; os funcionários, por sua vez, são motivados por ajudar os hóspedes a se sentirem bem. "Fazer com que seus clientes se sintam incríveis" foi adotado como o propósito principal da organização e influenciou diretamente uma proposta poderosa, de dar a cada cliente uma "incrível noite de sono". O investimento tem sido focado na concretização dessa proposta com a introdução específica de camas Hypnos e a modernização do ar condicionado em todos os quartos. O Premier Inn não está apenas no negócio de ser um hotel — está no negócio de fazer seus hóspedes se sentirem incríveis.

Um propósito eficaz tem de ser baseado no que é mais importante para *seus* clientes e colaboradores. Às vezes (dependendo da escala e alcance de uma organização), essa será uma questão tão grande quanto a qualidade do ar global, contudo, muitas vezes, como no Premier Inn, pode ser uma ambição mais modesta, mas não menos autêntica, baseada na ideia de fazer um hóspede "sentir-se incrível". Ambos importam. Cada propósito é uma expressão autêntica da razão pela qual essa organização existe.

UM CONTO SOBRE CAUTELA, OS PERIGOS DO PROPÓSITO

Às vezes, uma marca toma a decisão de se cobrir publicamente com o manto de um propósito digno ou uma causa da moda. Faz do propósito o centro das comunicações, até mesmo encapsulando-o em um slogan ou em um bordão repetitivo.

Isso pode se revelar problemático se as operações de negócios nem sempre estiverem cem por cento alinhadas com esse propósito. Os clientes são cada vez mais sensíveis às marcas que professam representar uma coisa e depois fazem outra completamente incongruente com isso. A BP é um exemplo disso. Em 2000, a empresa iniciou um programa de *rebranding* de duzentos milhões de dólares, no qual procurou reposicionar-se como uma empresa de energia ecológica, buscando, em última análise, mover-se "muito além do petróleo" e tornar-se uma empresa de energia sustentável. Alguns não se convenceram muito, mas a maioria viu a BP como um negócio distinto, traçando uma nova e mais progressiva abordagem para a produção de energia. Durante algum tempo, a BP parecia estar fazendo progressos. Investiu fortemente na energia solar e eólica e procurou trazer para as economias em desenvolvimento combustíveis mais seguros para aquecimento doméstico e para cozinhar. Até seus concorrentes começaram a imitar a abordagem. Tudo isso foi seriamente posto em xeque em abril de 2010, quando uma plataforma operada pela BP explodiu no Golfo do México e, como resultado, um vazamento no fundo do mar fluiu sem controle durante 87 dias. Durante esse período, a Deepwater Horizon (como o desastre ficou conhecido) lançou cerca de 4,9 milhões de barris de petróleo diretamente no oceano.

Naturalmente, a extração de petróleo é uma atividade perigosa e tecnicamente exigente e, por melhor que seja feito o trabalho, acidentes acontecem. Mas o que agravou uma situação já grave foi a reação inicial do CEO na época, Tony Hayward, que foi criticado por não reconhecer em público a gravidade total da situação e que reclamou de que suas férias haviam sido interrompidas pela crise. Após um período extremamente longo e várias tentativas, o vazamento foi finalmente interrompido e o petróleo foi contido.

Deixando de lado o impacto ambiental, o que prejudicou a BP foi o Supremo Tribunal dos Estados Unidos em 2014, que manteve as decisões anteriores de que a BP tinha sido "grosseiramente negligente e culpada de má conduta intencional". A Transocean e a Halliburton também foram consideradas parcialmente culpadas, mas a responsabilidade principal recaiu sobre a BP. A razão da negligência foi atribuída a níveis significativos de subinvestimento, o que alguns interpretaram como um enxugamento efetivo dos gastos a fim de maximizar os lucros.

Se uma empresa petrolífera toma a decisão de ir "muito além do petróleo", então essa mudança tem de ser profunda e tem de haver um forte investimento. Tem de ser algo que todo o negócio apoia. Ela não pode, por um lado, professar ser ecológica e fazer investimentos significativos em tecnologia sustentável (embora fortemente subsidiada) e, ao mesmo tempo, por outro, ser acusada de subinvestir em seu negócio principal até o ponto de negligência grave, colocando em risco a vida das pessoas e o meio ambiente

É possível argumentar que o dano em sua reputação foi maior porque sua "conversão ecológica" foi tão dolorosa e publicamente minada. É um exemplo particularmente impressionante do que acontece quando uma iniciativa ou proposição é elevada a um propósito organizacional sem que todo o negócio esteja implacavelmente focado nele. Talvez por razões compreensíveis, a BP tenha recuado de seu posicionamento abertamente ecológico. Esse desastre já custou à BP bilhões de dólares. Um negócio menos resiliente teria provavelmente quebrado.

CUIDADO COM A METÁFORA

A Uber é interessante porque afirma querer "tornar o transporte tão confiável quanto a água corrente, em todo lugar, para todos". À primeira vista, isso pode parecer uma motivação honesta. Cada vez mais, porém, parece mais uma metáfora para um negócio elegante. Não há dúvida de que os clientes adoram a conveniência da Uber, mas será que os motoristas e os funcionários se unem pela mesma razão? É isso o que mais importa tanto para os clientes quanto para os empregados? O que realmente une esses grupos? A falta de um propósito claro e uma sensação crescente de que a Uber está buscando ganhos comerciais a qualquer custo começam a ter um impacto negativo no crescimento da empresa?

Em 2018, a Uber foi assolada por uma série de problemas, muitos dos quais podem ser atribuídos à cultura e a questões de governança corporativa. Seu fundador e CEO, Travis Kalanick, teve de se demitir (embora mantenha uma cadeira no conselho) em meio a um escândalo de assédio sexual e relatos de altos executivos visitando bares de acompanhantes na Coreia do Sul. A polícia do Reino Unido acusou a Uber de não denunciar assédios sexuais cometidos por motoristas. O presidente da Câmara de Londres revogou (e restabeleceu temporariamente) a licença de funcionamento da Uber, invocando preocupações relativas à segurança dos passageiros e governança corporativa. O negócio está sendo igualmente contestado em uma série de outras jurisdições. A Uber também foi acusada de espionar clientes e está envolvida em disputas sobre o estatuto legal de seus motoristas. Muitas dessas questões parecem o resultado de um negócio que adotou uma metáfora elegante em vez de um propósito autêntico. É um exemplo do que acontece quando uma empresa busca o crescimento a qualquer custo.

O PODER DO PROPÓSITO

Um propósito genuíno não tem a ver com responsabilidade social e corporativa tradicional. É a autêntica expressão da motivação primária de uma organização, a razão pela qual essa marca ou negócio existe em primeiro lugar, e muitas vezes está na única coisa que mais interessa tanto aos clientes quanto aos funcionários.

Como vimos, um propósito da marca pode ser uma poderosa fonte de inspiração e orientação. Ele pode ajudar a construir relacionamentos significativos com clientes e funcionários e desbloquear valor sustentável para seu negócio. Mas cuidado com os falsos. As empresas que não conseguem abraçar uma motivação genuína, ou que, pior ainda, procuram se alinhar com uma causa da moda na qual não acreditam realmente, podem se ver desfeitas. Nos negócios, como na vida cotidiana, suas ações importam tanto quanto suas palavras.

LEITURA ADICIONAL

Shaun Smith e Andy Milligan. *On purpose: How to Deliver a Branded Customer Experience People Love*. Kogan Page, 2015.

"Meaningful Brands 2017". <Disponível em: https://havasmedia.com/meaningful--brands-reap-greater-financial-rewards/>.

"What Uber's Troubles Tell Us About the Importance Of Company Values. Disponível em: <www.ft.com/content/95cebf4a-76d7-11e7-a3e8-60495fe6ca71>.

MITO

12

OS CLIENTES PROCURAM UMA RELAÇÃO PESSOAL COM A SUA MARCA

Independentemente de quão atraente e envolvente sua marca seja, a maioria dos clientes não está procurando uma relação com ela.

Não é surpreendente que as marcas, muitas vezes, vejam sua principal responsabilidade como a construção de relacionamentos profundos e permanentes com os clientes. Na verdade, os profissionais frequentemente falam sobre a importância de construir relacionamentos valiosos, e toda uma indústria, o marketing de relacionamento com o cliente (CRM, sigla do inglês *customer relationship marketing*), cresceu em torno da ideia de que a maioria dos clientes está buscando algum tipo de relacionamento pessoal com suas marcas favoritas. Por mais convincente que isso possa parecer, é, em grande parte, um mito.

NÃO PRESUMA QUE VOCÊ TEM PERMISSÃO PARA COMEÇAR UMA RELAÇÃO

Vamos começar com a ideia de uma relação pessoal. Embora você possa se identificar, interagir e desfrutar da companhia de muitas pessoas, você terá um número muito menor de pessoas que você descreveria como pessoas com as quais você está intimamente ligado. Isso também se aplica às marcas. Embora você possa se identificar com uma marca, envolver-se com ela e até valorizá-la, é improvável (na maioria dos casos) que você esteja procurando um relacionamento real com ela. Você pode responder emocionalmente a uma marca, mas isso não é necessariamente a mesma coisa que querer um relacionamento pessoal profundo. O poder de uma marca está em sua capacidade de construir uma conexão emocional, mas (como em muitos aspectos da vida) não devemos assumir automaticamente que isso significa que ela tem permissão para iniciar um relacionamento.

As provas confirmam isso. Em 2012, a *Harvard Business Review* publicou um artigo, "Três mitos sobre o que os clientes querem", no qual advertia os profissionais a serem cautelosos com a ideia de que os clientes estão buscando relacionamentos com as marcas. Depois de realizar um estudo com sete mil consumidores, apenas 23 por cento dos que responderam à pesquisa descreveram a si próprios como estando em uma relação com uma marca. A maioria, 77 por cento, não se percebia realmente numa relação com qualquer marca. Curiosamente, quando a maioria foi questionada sobre o porquê, tipicamente respondeu com comentários como: "É só uma marca, não um membro da minha família". Assim, enquanto uma minoria significativa de clientes está aberta a uma relação (e vamos explorar isso mais tarde), a maioria, ao que parece, não está.

Então, quais são as implicações disso? Fundamentalmente que devemos ter cuidado para não exagerar o tempo e a atenção que as marcas ocupam em nossa consciência. Isso não significa que elas não possam ocupar um imóvel mental valioso nas mentes dos clientes, mas devemos ser realistas sobre o tempo que os consumidores tendem a gastar contemplando seu relacionamento (ou mesmo as diferenças relativas) entre as marcas. Em vez de bombardear os clientes com centenas de e-mails que tentam induzir uma relação que provavelmente não existe, concentre-se em tornar sua marca distinta e envolvente. Como a Deloitte declarou em sua Análise do Consumidor de julho de 2017: "Ganhar e reter clientes no mercado digital requer uma mistura de personalização, relevância, exclusividade e engajamento em todos os diferentes canais."

Dito isso, não devemos esquecer a oportunidade proporcionada pelos 23 por cento dos clientes que estão abertos a uma relação. É provável que esses clientes sejam altamente engajados e particularmente receptivos a marcas que são percebidas como significativas ou orientadas por objetivos. Os clientes desse grupo têm a propensão para se tornarem bons clientes, defensores apaixonados da marca e superconsumidores valiosos. No entanto, não devemos cometer o erro de assumir que a maioria dos clientes quer uma relação pessoal com uma marca; a maioria deles quer simplesmente ser envolvida, reconhecida e incentivada.

OS CLIENTES PODEM NÃO QUERER CONVERSAR COM VOCÊ

Além de ter um ceticismo saudável em relação à ideia de que os clientes querem uma relação com sua marca, você deve igualmente suspeitar da ideia de que seus clientes querem uma conversa com você. A maioria não quer. Esse mal-entendido provavelmente contribui significativamente para a ideia errônea de que grande parte dos clientes está buscando algum tipo de relacionamento. Haverá momentos em que os clientes irão querer falar diretamente com as marcas, mas, em geral, isso será para notificar a marca ou o operador de que algo correu mal. É vital fornecer a seus clientes formas diferentes de contatá-lo, e é muito importante que você ouça, tome as medidas adequadas e não tente silenciar queixas legítimas. Porém, não confunda essas situações com o desejo de iniciar uma conversa real. Os clientes geralmente querem que as marcas solucionem rápido e eficientemente qualquer lapso no serviço e corrijam qualquer perda financeira. Nessas circunstâncias, eles geralmente irão encontrar tentativas de iniciar uma "conversa" tanto paternalista quanto irritante. A verdade é que a maioria dos clientes prefere falar entre si.

A maioria das pessoas não quer ter uma conversa com uma "marca". Ela quer falar com outras pessoas que compartilham os mesmos valores, crenças ou interesses. Portanto, as comunidades mais influentes que cercam algumas de nossas marcas mais conhecidas, muitas vezes, compreendem indivíduos com uma mente independente, que são extremamente apaixonados pela marca ou pela atividade à qual ela está ligada. PlayStation e Harley-Davidson são duas marcas com comunidades muito ativas. A PlayStation fornece um espaço on-line para os jogadores se conectarem. Esse espaço tornou mais fácil para os usuários se familiarizarem com seus interesses específicos ou encontrarem ajuda e apoio. O site apoia a criação de conteúdos gerados pelo usuário e os gamers do PS4 podem fazer uploads de vídeos no jogo diretamente on-line. A comunidade está ligada aos canais de mídia social da PlayStation no YouTube e no Twitter, permitindo que o conteúdo seja compartilhado por gamers, desenvolvedores e contas-chave. A Harley-Davidson tem apoiado o desenvolvimento de sua comunidade (Harley Owners Group) desde a década de 1980. Ela tem mais de um milhão de membros e é uma comunidade centrada em uma paixão e estilo de vida compartilhados.

AJUDE SEUS APOIADORES A FALAREM UNS COM OS OUTROS

Essas marcas perceberam que seu papel é propagar e apoiar uma comunidade, em vez de tentar dominá-la. Elas, às vezes, publicam conteúdo e atualizações, mas deixam a comunidade prosperar e se desenvolver. Algumas das comunidades on-line mais influentes e úteis são comunidades não oficiais. Lugnet, por exemplo, é uma das maiores comunidades não oficiais de fãs de Lego, incluindo principalmente adultos que constroem projetos Lego complexos e compartilham seu trabalho. A Lego reconheceu seu papel como uma valiosa fonte de informação e conhecimento.

A Starbucks apoiou uma comunidade on-line, chamada My Starbucks Idea, e de fato criou uma caixa de sugestão global. Encoraja ideias e sugestões dos mais de 150 mil membros da comunidade sobre como melhorar a experiência do cliente. Em seguida, implementa o que percebe como as melhores ideias.

Os clientes podem ser incrivelmente apaixonados por suas marcas favoritas, mas essa paixão não deve ser mal interpretada como um sinal de que estão à procura de uma relação pessoal. A maioria não está.

OS CLIENTES PODEM SER MENOS LEAIS DO QUE VOCÊ PENSA

Durante muito tempo, presumiu-se que os programas de fidelização eram boas formas de construir relações significativas com os clientes. À medida que a coleta e a análise de dados se tornaram mais sofisticadas, marcas como a Tesco puderam usar esses dados para oferecer cupons e incentivos altamente direcionados para grupos de clientes. A Tesco não só atribuiu muito de seu crescimento meteórico ao sucesso de seu programa Clubcard, mas também acreditava que tinha construído relacionamentos pessoais fortes e duradouros e que tinha efetivamente "prendido" os clientes. Depois veio a crise financeira de 2008 e os hábitos dos consumidores começaram a mudar rapidamente. Acontece que, para o consumidor comum, o que mais importava em sua decisão sobre onde comprar era o preço que pagava no caixa. Os consumidores mudaram rapidamente seus hábitos. Eles começaram a fazer compras com mais frequência e, enquanto ainda se davam alguns luxos ocasionais, as pessoas estavam agora comprando a maioria de seus itens do dia a dia onde fosse o mais barato possível. Varejistas como a Tesco rapidamente descobriram que, em meio a uma crise, seus clientes eram menos apegados do que pensavam.

É claro que, à medida que os programas de fidelidade se tornaram mais onipresentes e possivelmente menos generosos, seu poder, sem dúvida, diminuiu (a ponto de muitos se tornarem monótonos), mas isso também serve para ilustrar a questão maior de que os clientes são talvez mais infiéis do que os profissionais de marketing gostariam de admitir.

Como consequência de tudo isso, há agora muito debate sobre o valor e a utilidade de gerir um programa de fidelização. Muitos consideram que é difícil justificar o investimento de tal programa (pelo menos com base num retorno financeiro direto) quando o dinheiro pode ser gasto de forma mais eficaz em outro local. A lógica não é gastar dinheiro tentando prender os clientes, mas sim mantê-los interessados, engajados e incentivados.

O mesmo se aplica ao uso de e-mail marketing. Há pouca dúvida de que o e-mail pode ser uma ferramenta de venda altamente eficaz, mas precisa ser usado com moderação. Um cliente pode muito bem estar interessado na promoção de vendas direcionada ocasionalmente, mas, com base no fato de que ele provavelmente não está procurando um relacionamento com você, não o bombardeie com conversas indesejadas e incentivos diários — essas atividades podem ser irritantes, além de potencialmente prejudiciais a seu patrimônio de marca em longo prazo.

Claro que sabemos que há uma minoria de clientes que não se importa de ter um relacionamento. Esses clientes podem ser informados e tratados de forma diferente (especialmente em categorias de elevado valor e status). Contudo é importante lembrar que, independentemente de quão atraente e envolvente seja sua marca, a maioria dos clientes não está buscando um relacionamento com ela.

Porém, há boas notícias. Uma vez que você abrace completamente essa realidade, pode se tornar muito mais eficaz. Uma vez identificados os diferentes tipos de clientes, você pode começar a tratá-los de forma a obter uma resposta melhor e mais valiosa. Você pode construir um discurso mais profundo com a minoria de clientes que está buscando um relacionamento com você e aproveitar o poder que eles têm como defensores da marca e futuros líderes. Você pode convidá-los para eventos, recompensar sua afinidade e reconhecer seu papel como fonte de insight e inspiração. A Burberry faz isso de maneira muito eficaz. Tem uma merecida reputação de fazer sua marca mais acessível e fácil de interagir. Clientes que são altamente comprometidos com a marca ou pessoas que são vistas como importantes influenciadores ou celebridades são regularmente convidados para desfiles e outros eventos VIP. Esses eventos oferecem oportunidades para construir engajamento e associar a Burberry com glamour e prestígio.

A rede de telefonia móvel giffgaff levou essa ideia um passo adiante e criou uma rede efetivamente administrada por sua comunidade de clientes. Na giffgaff, os clientes são a equipe de atendimento ao cliente; além de resolver uma série de problemas do dia a dia, a comunidade é consultada sobre uma série de questões, incluindo assuntos potencialmente sensíveis, como aumento de preços. Como os clientes são efetivamente responsáveis por gerenciar o primeiro nível de atendimento ao cliente, as coisas são tratadas de forma rápida e eficiente. Além disso, como o negócio está operando com uma sobrecarga relativamente pequena, o preço pode ser mantido tão baixo quanto possível para os consumidores. Nem todos serão participantes ativos na comunidade, mas o negócio está fazendo uso eficiente daqueles que querem ser.

COLHER OS BENEFÍCIOS DE SER MAIS REALISTA

E em relação à maioria dos clientes que podem achar sua marca atraente e envolvente, mas que não estão necessariamente procurando um relacionamento pessoal com ela? Bem, a boa notícia é que você pode parar de gastar seu tempo tentando construir um relacionamento mais profundo com eles e dedicar seus recursos para se tornar mais relevante e atraente. Acreditamos que os profissionais modernos sempre tenderam a sobrestimar o papel que sua marca desempenha na vida de seus clientes. Uma vez que isso é recalibrado e uma visão mais realista sobre a natureza da relação que estamos buscando com as marcas é assumida, então o profissional é liberado das restrições do passado.

É importante ressaltar que essa liberação não deve ser interpretada apenas como uma busca pela facilidade transacional. Não estamos defendendo uma corrida para baixo, em que as marcas competem apenas com base no preço ou na facilidade de se interagir com elas. Ser fácil de encontrar e de fazer negócios é, com certeza, importante, mas é improvável que seja uma fonte de vantagem competitiva a longo prazo. Só porque a maioria dos clientes não quer estar em um relacionamento conosco, isso não nos absolve da necessidade de sermos interessantes, envolventes e relevantes.

Embora as ferramentas e técnicas usadas para construir marcas tenham mudado, o apelo básico de uma marca não mudou. Uma marca funciona porque é capaz de estabelecer uma mistura de associações emocionais e racionais que existem inteiramente na mente do cliente; essas associações distintas e por vezes únicas ajudam a diferenciar os bens e serviços de um empreendimento dos de outro. As marcas são valiosas porque são difíceis de copiar, ajudam a gerar demanda e podem ajudar a apoiar uma melhor posição de preço.

ANTECIPE AS NECESSIDADES E MOTIVAÇÕES DE SEUS CLIENTES

Os profissionais devem ter em mente que, além de minimizar a dor do cliente, parte de seu trabalho é também maximizar sua utilidade e o prazer dele. Uma marca precisa trabalhar arduamente para manter sua relevância e deve garantir que está sempre acompanhando seus clientes (quando não se antecipando a eles). As necessidades e motivações dos clientes mudam constantemente, e entender como essas mudanças ocorrem é fundamental para permanecer à frente. Isso é particularmente importante quando já sabemos que a maioria dos clientes é relutante em se tornar íntima demais, mesmo com as marcas de que realmente gostam. Assim, investir nisso e agir com base em uma visão genuína torna-se muito importante. Uma marca pode achar que está tendo dificuldades não por causa da disponibilidade ou por não ser acessível, mas porque não está alinhada com as necessidades ou motivações em mudança dos clientes. Quem diria que os consumidores seriam persuadidos a comprar um computador com base em seu aspecto, e não em seu desempenho? Steve Jobs fez isso. Ele percebeu que havia motivações e requisitos que não eram atendidos pelo *status quo*. Quem percebeu que a fé dos clientes nas viagens aéreas foi suficientemente estabelecida para pressagiar e facilitar a chegada e o crescimento da operação de baixo custo? A Southwest Airlines. Quem viu que a categoria de lâmina de barbear dos homens estava sem ideias? A Dollarshave Club fez isso e, como consequência de sua abordagem divertida e disruptiva, acabou sendo comprada pela Unilever por um bilhão de dólares.

O perigo de ignorar a mudança de necessidades e motivações é claro para todos. M&S Clothing, Mothercare e House of Fraser são exemplos de marcas que se esforçam para se manterem relevantes. As marcas que são vistas como "presas no meio termo", que oferecem produtos intermediários nas lojas intermediárias a preços intermediários estão em dificuldades. Essas marcas vão continuar nessa situação até compreenderem melhor e agirem de acordo com as necessidades e motivações dos clientes. Nenhuma quantidade de fechamentos de lojas e retrações por si só será suficiente para resolver o problema; é necessária uma abordagem imaginativa e informada.

Tenha cuidado com a ideia de que a maioria dos consumidores está buscando uma relação pessoal com sua marca; a maioria deles não está. Reconheça isso e você pode começar a construir uma marca mais eficaz. Apoie um grupo menor de clientes que está aberto a um relacionamento e ajude-os a construir uma comunidade na qual possam conversar abertamente uns com os outros. Use o dinheiro que você teria gastado tentando construir relações com clientes que não estão interessados para aumentar sua oferta, construir distinção e usar discernimento para permanecer à frente das necessidades e motivações dos clientes. Por todos os meios, torne as coisas fáceis para seus consumidores, mas não presuma que isso é tudo o que você precisa fazer.

LEITURA ADICIONAL

Clive Humby e Terry Hunt, *Scoring Points*, 2008.

Harvard Business Review, "Three Myths about What Customers Want", 2012. Disponível em: <https://hbr.org/2012/05/three-myths-about-customer-eng>.

Deloitte, *Consumer Review*, 2017. Disponível em: <www2.deloitte.com/content/dam/Deloitte/uk/Documents/consumer-business/deloitte-uk-consumer-review- customer-loyalty.pdf>.

MITO 13

O BRANDING É SUBJETIVO. É APENAS BLÁ-BLÁ-BLÁ E ARTE, SEM RIGOR NEM CIÊNCIA

Existem ferramentas para guiar o profissional e fornecer atalhos, mas elas nunca devem substituir o fator humano que está no coração de cada marca de sucesso.

O jovem varejista de hoje tem acesso a uma enorme variedade de literatura, conteúdo on-line e pesquisa acadêmica. O marketing é uma disciplina estabelecida e, consequentemente, tem todos os adereços que a acompanham: profissionais famosos, livros didáticos, diplomas universitários, professores e até mesmo seu próprio corpo profissional. Esse não é bem o caso do profissional de construção de marca. John Murphy, o fundador da Interbrand e autodenominado "pai do branding", afirmou recentemente que o branding, a disciplina estruturada de criação e gestão de marcas, só foi inventado na década de 1970 e, sem dúvida, a noção de branding como uma disciplina especializada que requer suas próprias especificidades só se estabeleceu nas últimas décadas.

Além disso, algumas das ferramentas criadas durante esse período se tornaram menos eficazes à medida que a tecnologia continua a mudar profundamente a forma como interagimos com o mundo e vivemos nossas vidas. Assim, embora existam processos e ferramentas eficazes para ajudar o profissional de marca, geralmente há menos consenso sobre o que é útil e onde eles podem ser encontrados.

A verdade é que há muito menos ferramentas reconhecidas, aprovadas ou verificadas independentemente em branding do que você vai encontrar no marketing. Com efeito, as empresas de serviços profissionais, com seus séculos de qualificações e reconhecimentos, tendem a encarar o branding como uma espécie de pseudociência e veem as agências de marcas como vendedoras das novas roupas do imperador ou do óleo de cobra, colocando jargões desnecessários em torno de conceitos óbvios. Isso não é justo. Existem algumas ferramentas realmente úteis e práticas a disposição, desenvolvidas por alguns profissionais fantásticos que compreendem que construir marcas requer inteligência, criatividade e imaginação. Esperamos que as próximas páginas demonstrem que não é tudo feito enquanto se toma um cafezinho.

ALGUMAS DISTINÇÕES IMPORTANTES

Antes de examinarmos esse mito com mais detalhe, é útil fazer as seguintes observações.

a) Marketing e branding são certamente atividades ligadas, mas são diferentes em sua orientação. O marketing geralmente diz respeito à venda de produtos e serviços específicos, enquanto o branding diz respeito ao processo de construção de um espaço próprio na mente do cliente.
b) Fazemos uma distinção entre dois tipos principais de marcas: marcas de produtos tipicamente encontradas em categorias FCMG (bens de consumo de rápida movimentação, como cereais ou shampoo, por exemplo) e marcas corporativas e/ou de serviços (por exemplo, Microsoft ou Virgin).

Essas distinções são importantes porque marketing e branding são termos frequentemente utilizados de forma intercambiável, quando na realidade são disciplinas distintas; e os processos e ferramentas especificamente ligados às marcas de produtos têm um histórico diferente daqueles mais associados às marcas corporativas ou de serviço.

A ASCENSÃO DA AGÊNCIA ESPECIALIZADA EM MARCAS

Durante uma parte considerável do século XX, o processo de construção de marca foi conduzido pelas agências de publicidade. As grandes marcas tendiam a confiar seu negócio durante longos períodos de tempo às mesmas agências e, como consequência, elas se tornavam (juntamente com o cliente) o "proprietário" padrão da marca. Uma marca seria tipicamente construída por meio de uma série de campanhas individuais, sendo a agência responsável tanto por uma expressão autêntica da marca como pelo desenvolvimento de uma publicidade convincente e eficaz.

A série ficcional, mas extremamente bem pesquisada, *Mad Men* fornece uma visão fascinante sobre essa era. As agências de publicidade estavam sob constante pressão para produzir algo interessante e distinto para seus clientes. Como consequência, muitas vezes, sacrificavam o arco narrativo evolutivo do desenvolvimento em longo prazo da marca no altar da conveniência em curto prazo. Além disso, grande parte da publicidade dessa época estava focada na venda dos produtos de uma sociedade consumista em expansão no pós-guerra — desde cigarros a carros.

Depois, no fim da década de 1970, especialmente nos Estados Unidos e no Reino Unido, assistimos à emergência da ortodoxia neoliberal. Os mercados começaram a ser privatizados e desregulamentados, novas corporações surgiram e a economia de serviços começou a se instalar. De repente, houve a necessidade de criar novas marcas em uma infinidade de setores diferentes e esse período marcou o surgimento das agências especializadas em marcas. Coisas que estavam anteriormente "cobertas" pela agência de publicidade, por exemplo, desenvolvimento, arquitetura e posicionamento e narrativa de marcas, foram agora assumidas por um novo tipo de agência especializada que viu os benefícios e as oportunidades que a especialização traria.

Algumas dessas agências efetivamente formalizariam ou inventariam os processos necessários para a criação e o desenvolvimento disciplinado e de longo prazo da marca. Um pouco mais tarde, elas se juntariam a uma série de empresas de design, algumas das quais poderiam agora acrescentar os serviços estratégicos de que anteriormente não dispunham.

A INVENÇÃO DE UM NOVO CONJUNTO DE FERRAMENTAS

Cada uma dessas agências tinha diferentes níveis de capacidade e estava envolvida no desenvolvimento ou aperfeiçoamento de seus próprios métodos e ferramentas. Muitas das agências concentraram-se no posicionamento e no design da marca e, muitas vezes, simplesmente optaram por versões dos modelos utilizados por seus grandes clientes multinacionais. Esses proprietários de marcas multinacionais têm desenvolvido marcas de produtos há muitos anos e, como resultado, eram, muitas vezes, vistos como repositórios definitivos para coisas como ferramentas de posicionamento. A Unilever foi um bom exemplo disso, e as variações de suas ferramentas (como *brand key*) foram generalizadas. Outras agências se inspiraram em lugares diferentes, mas, com o tempo, um consenso geral começou a surgir em torno dos melhores modelos e abordagens a serem implantados.

Agências que priorizaram marcas corporativas e de serviços criaram ferramentas que acreditavam serem mais adequadas a seus desafios específicos. Foram desenvolvidas ferramentas e abordagens para todos os aspectos do processo de criação e desenvolvimento da marca.

Foram criados processos específicos para o desenvolvimento de marcas e as agências elaboraram novas ferramentas de posicionamento. Também foi concebido um método para determinar o valor de uma marca e rapidamente se juntou a ele um conjunto de metodologias concorrentes, que foram lentamente ganhando credibilidade e apoio da comunidade financeira. Outras agências construíram ferramentas para recolher informações ou identificar áreas de oportunidade. A arquitetura de marcas (as diferentes formas de organizar um portfólio de marcas) tornou-se uma disciplina por direito próprio; surgiram especialistas na área, como David Aaker, que começou a estruturar e formalizar o pensamento em torno desse tema. As agências finalmente competiram entre si para desenvolver as melhores ferramentas e orgulhosamente afirmaram e protegeram seu pensamento. Isso levou à criação de muitos processos e ferramentas úteis, mas cada agência tendeu a ter sua própria abordagem e seu próprio glossário de termos. A padronização tem sido lenta e o pensamento tem frequentemente permanecido dentro das empresas.

Como consequência, você vai encontrar menos livros didáticos de branding e cursos universitários ou MBAs em comparação com disciplinas relacionadas, como marketing. No entanto, existem alguns livros que contêm uma grande ajuda e conselhos para o profissional. Assim, para ajudar o leitor, tentaremos apresentar várias das ferramentas essenciais de branding que consideramos fundamentais para qualquer processo de desenvolvimento da marca e, no fim do capítulo, recomendaremos os livros que consideramos mais úteis para aqueles que desejam ampliar seu conhecimento e compreensão.

A NECESSIDADE DE UM MODELO DEFINITIVO

Um legado da falta de padronização pode ser sentido ainda hoje: até o momento há pouco consenso sobre o que exatamente constitui os componentes essenciais de uma marca, bem como uma falta de clareza sobre os termos usados para descrevê-los. Muitos profissionais ainda omitem importantes componentes ou usam termos vagos ou imprecisos para descrever o que estão tentando alcançar. Isso pode tornar as coisas confusas e, por vezes, atrapalhar o progresso. Para qualquer profissional que necessite de ajuda sobre os fundamentos, dê uma olhada em nosso modelo de DNA da marca. Contém o que acreditamos serem os componentes essenciais de qualquer definição de marca ou exercício de desenvolvimento.

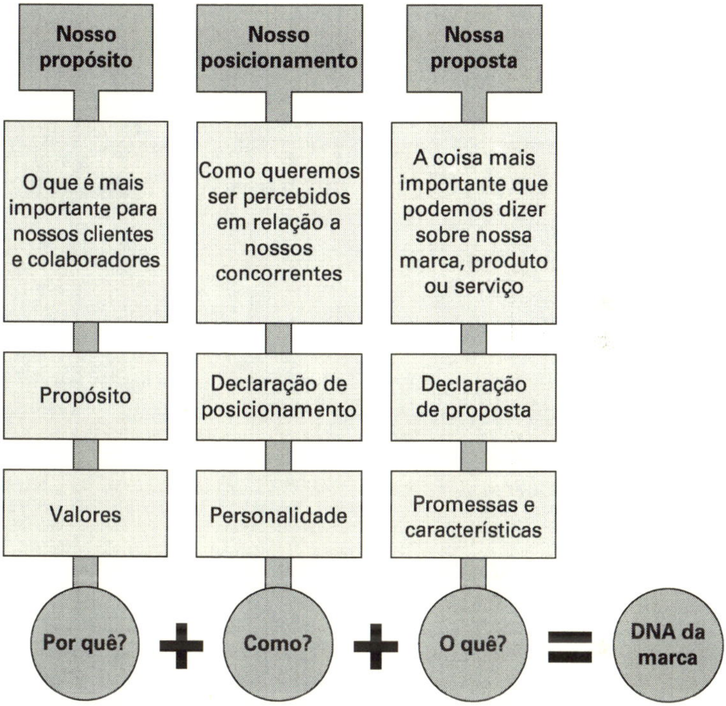

Figura 13.1 ***Modelo de DNA da marca***

DNA DA MARCA

Propósito da marca

A razão pela qual uma marca existe, uma expressão de sua motivação final.

Posicionamento da marca

Como a marca deseja ser percebida em seu mercado em relação à concorrência.

Proposta de marca

O que a marca promete para criar valor; a coisa mais importante que se pode dizer sobre a marca, o produto ou o serviço ao cliente.

Promessas e caraterísticas da marca

Os compromissos, ações ou comportamentos explícitos que são dados aos clientes para refletir a intenção da marca.

Valores da marca

Os princípios fundamentais da marca que moldam sua cultura.

Para acrescentar um pouco mais de explicação, o propósito é mais bem pensado como uma estrela-guia, um princípio orientador imutável que, uma vez articulado, raramente deve mudar. Como mencionamos em um capítulo anterior, um propósito será mais frequentemente encontrado se olharmos para o que realmente importa para clientes e funcionários. Um posicionamento irá muito provavelmente evoluir ao longo do tempo em resposta ao contexto competitivo e deve ser algo que possa ser inferido em vez de ser explicitamente declarado. Uma proposta, pelo contrário, pode ser atualizada regularmente para refletir a mudança das preferências do cliente ou uma dinâmica de mercado diferente. As promessas são mais bem pensadas como marcas distintivas de produtos e serviços. Os valores da marca, uma vez definidos, devem, por definição, raramente mudar. Estabeleça esses elementos corretamente e você terá um caminho significativo para a construção de uma marca atraente e inspiradora.

Porém, um modelo (por melhor que seja) é apenas um modelo. Como garantir que você está preenchendo o modelo com o conteúdo certo e construindo algo que, quando considerado como um todo, será atraente e distinto para o cliente? Além do trabalho árduo, acreditamos que qualquer processo deve começar com um total entendimento da situação da marca. O profissional deve ter um conhecimento aprofundado do contexto global, a fim de entender como desenvolver a marca. Acreditamos que é útil estruturar essa base inicial e desenvolvemos um modelo para auxiliar no processo — o chamamos de análise 4Cs. Usando essa ferramenta, o profissional deve olhar especificamente para: o Cliente, a Concorrência, a Companhia (ou empresa) e o Contexto. Vamos explorar brevemente cada uma dessas dimensões.

Figura 13.2 ***4Cs modelo de auditoria***

A FERRAMENTA DE ANÁLISE 4CS

CLIENTE

A maneira de maximizar suas chances de construir uma marca atraente é construí-la com base na percepção do cliente. Um insight do cliente é uma observação sobre o consumidor que pode ser executada. Algumas marcas muito bem-sucedidas foram fundadas com base em um grande insight. Anita Roddick fundou a The Body Shop com uma grande visão. Ela percebeu, no fim da década de 1970, que os clientes estavam se tornando mais ambientalmente conscientes e que, mais importante, aqueles que queriam comprar cosméticos produzidos eticamente estavam mal servidos. Roddick lançou um negócio para preencher essa lacuna e continuou a construir uma marca de varejo altamente bem-sucedida e ética. Outras marcas foram construídas executando uma série de *insights* menores (mas não menos importantes). O Spotify não foi o primeiro serviço de *streaming* de música, mas, ao compreender as diferentes formas como os clientes desfrutam de música, conseguiu criar funcionalidades líderes no setor, diferentes níveis de acesso em camadas, serviços de *streaming* de alta resolução e funcionalidade multiplataforma. Ao compreender e agir de acordo com o que os clientes querem, o Spotify teve sucesso construindo uma ratoeira melhor. O trabalho do profissional de marca é dedicar tempo para realmente entender o que você acha que o cliente quer de seu produto ou serviço. É importante ressaltar que os clientes nem sempre sabem o que querem; muitas vezes, o trabalho do profissional é identificar o que não está sendo explicitamente comunicado e ler as entrelinhas para extrair insights genuínos.

Os métodos de pesquisa qualitativa e quantitativa são bem conhecidos e podem ser ferramentas úteis na caixa de ferramentas dos profissionais, mas outros métodos para obter insights estão sendo cada vez mais usados. A análise de dados em grande escala pode revelar padrões de comportamento novos ou nunca antes vistos. A pesquisa etnográfica pode ajudar o profissional a mergulhar na vida de seus clientes.

Ferramentas web sofisticadas podem buscar opiniões e sentimentos e, muitas vezes, identificar as atividades precisas que estão moldando uma categoria ou percepções específicas da marca. Importa igualmente recordar que, em muitos setores, os trabalhadores, os distribuidores e os parceiros de uma empresa têm todos o potencial de agir como "testemunhas especializadas" e desbloquear a percepção dos clientes.

COMPETIÇÃO

Para construir uma marca convincente, você geralmente deve ter uma boa ideia do que seus concorrentes estão fazendo. Se você está criando uma marca a partir do zero ou procurando reposicionar uma já existente, é importante saber onde existem oportunidades valiosas e potencialmente mal servidas. Às vezes, será óbvio onde estão os territórios de posicionamento; às vezes, será menos óbvio e mais matizado. Ocasionalmente, há oportunidades para reformular completamente o cenário competitivo. Talvez, como o supermercado Lidl, você perceba que, embora os varejistas de alimentos tradicionais estejam oferecendo opções entre escolha, preço e qualidade, você pode modificar completamente o modelo, restringindo a escolha e, em vez disso, oferecendo grande qualidade e preços incrivelmente baixos. Talvez não veja um único concorrente como seu inimigo e em vez disso decida inventar um. A Reebok fez isso com seu anúncio icônico "O Belly vai te pegar!" ("*Belly's gonna get you!*"). Apple, Coca-Cola e Subaru têm desafiado o totalitarismo, a desarmonia e a mediocridade. Não sabíamos que esses eram os inimigos até que essas marcas nos disseram que eram. Ao considerar o conjunto competitivo, é também uma boa ideia considerar tanto os concorrentes diretos como os indiretos. Será que a TomTom percebeu que seus maiores concorrentes não seriam outros fabricantes de sistemas de navegação por satélite, mas o Google e a Apple? O negócio de táxi privado Addison Lee inicialmente viu um aplicativo habilitado para dispositivos móveis chamado Uber como um concorrente sério?

EMPRESA

A maioria dos proprietários de marcas não dedica tempo suficiente para pensar sobre seus pontos fortes reais e percebidos. O que é genuinamente diferente ou único em sua marca? Essa singularidade está sendo efetivamente utilizada? Nós fazemos a distinção entre "real" e "percebido" porque ocasionalmente a liderança de categoria é atribuída a certas marcas que não a possuem. Assumimos que a Intel é uma classe de processador melhor do que outros fabricantes, mas a maioria dos clientes não sabe realmente disso. Com sucesso, seus consumidores de processadores têm acreditado que seu desempenho é universalmente melhor. Assumimos que marcas como a Audi e a BMW estão cheias de engenharia superior, mas será que sabemos realmente se são (ou não) melhores do que seus homólogos do Extremo Oriente? Conhecer seus pontos fortes reais e percebidos dá a você uma visão real do que seus clientes pensam e fornece uma base genuína para qualquer posicionamento ou proposta futura.

CONTEXTO

Trata-se de compreender as tendências macro e micro que influenciam os setores em que você opera. Para um fabricante automotivo, é provável que os níveis crescentes de preocupação com a qualidade do ar afetem seu setor e sua atividade. Para uma rede de cafeterias ou de supermercados, as preocupações crescentes sobre a quantidade de plásticos que entram no ambiente e poluem a água podem ter um impacto direto no sentimento do cliente e, em algum momento, na importância dada aos materiais totalmente recicláveis. Da mesma forma, nosso amor pela facilidade pode ter ramificações para as empresas de varejo, ou se você é um banco, precisa lidar com os desafios colocados pelas tecnologias de *blockchain* em rápida evolução. Nem sempre é possível prever todas as tendências, mas pensar profundamente sobre o contexto mais amplo, muitas vezes, revela no que seus clientes estão ou estarão realmente interessados e com o que estão preocupados.

O contexto também opera no nível micro. O que está acontecendo em seu setor pode ter um impacto direto na forma como você escolhe posicionar sua marca. Por exemplo, a nova tecnologia está impulsionando o desenvolvimento de seu setor e, em caso afirmativo, você está bem colocado para liderar nesse domínio? Os clientes valorizam mais a liberdade e a flexibilidade e, em caso afirmativo, você está bem colocado para liderar nesse domínio? O mercado de energia do Reino Unido está se tornando mais competitivo e sensível aos preços; se você é um novato recém-chegado, como enfrenta esse desafio? Você procura uma posição de liderança de preços ou procura construir um tipo diferente de vantagem sustentável?

Uma compreensão completa de cada um dos 4Cs lhe dará uma base abrangente sobre qual construir ou desenvolver sua marca. Detalhá-los também pode ajudar a identificar uma boa posição, um território gratificante para construir sua marca. É importante, no entanto, que esse não seja um substituto para o trabalho árduo e o pensamento criativo que devem acompanhar qualquer atividade de construção de marca. Você precisará identificar uma visão genuína, um espaço de posicionamento tangível, capacidade real e uma compreensão completa das forças que impactam ou influenciam seu setor.

Então, agora que identificamos um modelo definitivo de marca e explicamos um pouco sobre as bases necessárias para ajudá-lo a criar ou desenvolver a sua, provavelmente vale a pena destacar alguns dos outros processos de branding e aonde você pode ir para saber mais sobre eles.

NOMEAÇÃO DE MARCA

Criar um nome de marca ainda é um exercício essencialmente criativo, mas há muitas coisas a considerar se você quiser fazê-lo corretamente. Muitas vezes, é útil começar olhando para a utilidade das marcas que você já possui, antes de embarcar definitivamente na busca por um novo nome. Também é útil ter uma ideia razoável do tipo de nome que você deseja. Por exemplo, você quer um nome puramente abstrato como Diageo, que será mais fácil de criar, mas caro de construir? Você quer algo mais associativo como Uber ou algo muito mais descritivo (mas potencialmente difícil de registrar) como comparethemarket.com? (Uma das razões pelas quais a famosa campanha publicitária Compare the Meerkat [um trocadilho com *market*, ou "mercado" e *meerkat*, "suricato" em inglês] foi concebida para esta marca precisamente para ajudar os clientes a diferenciá-la de outras empresas concorrentes com nomes semelhantes, como a Go Compare). Uma vez que você esteja certo sobre o tipo de nome que deseja criar, certifique-se de que você tenha certeza sobre em quais classes de marcas registradas e territórios você estará procurando registrar seu nome, bem como o processo que seguirá para criar uma lista de pré-seleção viável e realizar as pesquisas necessárias e verificações linguísticas/culturais. Claro que, se você é uma pequena marca que está apenas começando em um único território, você pensará diferentemente de um grande proprietário de marca multinacional que opera em várias jurisdições, mas muitas das questões iniciais aqui colocadas são úteis para se pensar.

O processo de nomeação da marca não mudou fundamentalmente desde que John Murphy o codificou no início dos anos 1980. Você pode encontrar excelentes capítulos sobre o assunto em vários livros, incluindo *Trade Marks* e *Brand Strategy* (ver a seção Leitura adicional).

ARQUITETURA DE MARCA

Dependendo da situação e do número de marcas envolvidas, criar um portfólio ideal pode ser uma tarefa complexa — ao mesmo tempo é frequentemente complicada demais e mal compreendida. A arquitetura de marca tem realmente a ver com encontrar a melhor forma de estruturar um portfólio de marcas. Na maioria das vezes, o trabalho de uma arquitetura de marca é tornar mais fácil para um cliente navegar pela totalidade do que está em oferta. Quando compro uma barra de Toblerone, por exemplo, é provável que eu não me preocupe ou mesmo não saiba que ele é, em última análise, propriedade do conglomerado americano Kraft. Em consequência, a Toblerone recebe um endosso muito pequeno de seu proprietário.

Quando compro um automóvel, estou geralmente muito mais interessado em saber quem é o fabricante e, consequentemente, existe com frequência uma ligação mais óbvia entre o fabricante e o modelo de automóvel em questão. BMW, Mercedes e Ford são todas mestras no uso de "marca-mãe" e usam números ou nomes para ajudar os clientes a navegarem nas gamas de marcas. Muitas vezes, um proprietário de uma marca utiliza uma variedade de marcas dentro de um portfólio para delinear o preço ou diferentes níveis de experiência. A Volkswagen vende diversos veículos com marca própria, mas vende igualmente veículos de variedade superior com a marca Audi e veículos mais baratos com a marca Skoda. Muitas vezes, é necessária uma nova marca quando a entrada em um novo mercado ou em um novo ponto de preços estica demais a credibilidade da marca existente.

Por outro lado, às vezes, a arquitetura é deliberadamente implantada para ajudar a construir a marca corporativa. A Unilever está usando suas marcas de produtos para ajudar a construir sua marca corporativa porque sentiu que era importante aumentar a transparência e a sustentabilidade corporativa. A arquitetura complica-se porque, por vezes, é necessário tomar decisões sobre quais as marcas devem ser excluídas e quais devem ser mantidas ou desenvolvidas e, em outros casos, os proprietários são constrangidos por associações históricas ou características peculiares de um mercado específico.

Para mais informações sobre a arquitetura da marca, recomendamos o capítulo sobre o assunto em *Don't Mess with the Logo*, e você encontrará também um excelente capítulo sobre o assunto em *Gestão avançada de marcas*.

GESTÃO DE MARCA

Um assunto difícil de ser capturado em apenas alguns parágrafos, a gestão de marca trata sobre a manutenção de uma oferta distinta e relevante, de tal forma que estimule a demanda e sustente a lealdade. A gestão da marca necessita que você esteja medindo o desempenho de sua marca ao longo do tempo usando indicadores relevantes e úteis.

Embora reconheçamos o valor que pode ser derivado dos estudos de rastreamento, também prestamos muita atenção aos principais indicadores, coisas que o ajudam a ser preditivo — conversas com clientes, avaliações de como a marca é defendida e promovida, reconhecimento e sentimento de marca. Como as marcas são julgadas principalmente pelo que fazem, é importante ser capaz de ver e prever as consequências comerciais de quaisquer mudanças que sejam feitas.

AVALIAÇÃO DA MARCA

Diversos negócios oferecem metodologias e ferramentas para avaliar marcas e adotar uma abordagem orientada para a avaliação da gestão de uma marca ou de um portfólio. Embora muitas dessas abordagens sejam financeiramente sólidas, quase todas envolvem algum elemento de opinião ou avaliação subjetiva. Na prática, muitas vezes é difícil separar a contribuição pura da marca do resto do negócio, então o número final é provavelmente considerado mais como indicativo do valor relativo da marca do que como um número absoluto. No entanto, a avaliação da marca é reconhecida pela profissão contábil e é usada para ajudar a determinar coisas como taxas de royalties e o preço que deve ser pago pela marca como parte de uma aquisição ou fusão.

Qualquer que seja sua opinião sobre os méritos precisos da avaliação da marca, quase todas as metodologias associadas envolvem alguma avaliação de ambos: *a*) o papel da marca e *b*) a força da marca. O papel da marca tenta determinar a importância relativa de uma marca em uma determinada categoria. Por exemplo, o papel da marca no varejo de gasolina é relativamente baixo, mas muito maior em categorias como roupas de luxo e vestuário. A força da marca tenta olhar para o quão bem administrada é a marca e, portanto, como é provável que ela sobreviva em médio prazo. Por exemplo, uma marca como a Coca-Cola provavelmente será extremamente bem administrada e, portanto, terá alta probabilidade de gerar retornos saudáveis no futuro.

Dos dois elementos centrais da metodologia, acreditamos que o mais útil seja a força da marca. A maioria dos proprietários de marcas enfrenta dificuldades para criar uma ferramenta objetiva para a medição ativa do desempenho, mas a força da marca pode ser usada como uma estrutura objetiva em todas as categorias e geografias. Pode incluir uma mistura de indicadores e é particularmente útil para os proprietários de marcas que gerem portfólios mais complexos.

EXPERIÊNCIA DE MARCA

Como referenciamos em outros capítulos, as marcas têm tudo a ver com as experiências que oferecem a seus clientes. Se o gerenciamento tende para a medição, então a medição da experiência do cliente e seu impacto na preferência e lealdade é uma boa forma de assegurar uma gestão ativa da marca. Claro que, nas categorias em que o papel da marca é considerado muito elevado, é provável que a marca tenha uma maior esfera de influência em relação a sua capacidade de moldar comportamentos e entregas, mas, como temos visto, todos os negócios são cada vez mais medidos por sua capacidade de alcançar elevados níveis de coerência organizacional.

Proporcionar uma experiência de cliente distinta, atraente e memorável envolve tomar decisões sobre o que priorizar. A easyJet é um exemplo de uma empresa que tomou uma decisão clara de automatizar seus processos de reserva e check-in e de facilitar a compra tanto quanto possível. O aplicativo para smartphone torna possível gerir todos os aspectos de sua viagem; mantém o cliente atualizado e alerta antecipadamente se houver algum problema com o voo. No aeroporto Gatwick, o processo de entrega de bagagem é quase totalmente automatizado; consequentemente, o check-in é menos estressante e as filas são mais curtas. Além de ser uma boa experiência, tudo isso é congruente com o posicionamento da easyJet como uma companhia aérea de baixo custo. Como cliente satisfeito, não me importo que tenha de fazer muito do esforço.

A experiência de marca é um grande assunto, mas, para aqueles que procuram uma perspectiva definitiva sobre como criar uma grande experiência para o cliente, gostaríamos de indicar o acadêmico de Harvard Frances Frei. Muito de seu pensamento pode ser encontrado on-line.

Além disso, *On Purpose* explora como o propósito pode ser usado para criar experiências distintas e cheias de propósito que os clientes adoram. *Managing the Customer Experience* é provavelmente o trabalho inicial.

Para além dos temas específicos que enumeramos aqui, identificamos também um conjunto de livros que contêm perspectivas e ferramentas que podem ser úteis para quem está envolvido na ciência e na arte da construção de marcas. Alguns serão brevemente citados a seguir, e todos estão incluídos na lista de leitura adicional no fim do capítulo.

Good to Great
Explora como as empresas podem se tornar líderes de categoria e de classe mundial.

Aaker on Branding and Brand Portfolio Strategy
Explora os vinte princípios para construir marcas eficazes e desenvolver uma estratégia de portfólio.

How Brands Grow (volumes 1 e 2)
Embora possamos não concordar com todo o conteúdo desses livros, é uma leitura estimulante, que desmistifica conceitos errôneos populares e oferece uma perspectiva sobre o impacto do digital nas marcas.

Também gostaríamos de indicar a *Harvard Business Review* e a *McKinsey*, que publicam pesquisas e artigos regulares sobre o tema das marcas e branding.

Então, como esperamos ter demonstrado, existem algumas ferramentas definitivas, algum pensamento geral e uma série de processos eficazes disponíveis para apoiar o profissional, porém, mais importante, nenhum deles deve ser considerado como um substituto para o genuíno insight e pensamento criativo. As marcas devem ser construídas com base em uma visão clara; ser relevantes e distintas e devem entusiasmar e capacitar o cliente. Criá-las é um trabalho árduo e envolve uma fusão de QI e inteligência emocional. Existem ferramentas para guiar o profissional e fornecer atalhos, mas nunca devem substituir o fator humano que está no coração de cada marca de sucesso.

LEITURA ADICIONAL

Arquitetura de marca

Jon Edge e Andy Milligan. *Don't Mess with the Logo*. FT Prentice Hall, 2009.

Paul Temporal, "Advanced Brand Management", *Wiley Online Library*, 2010. Disponível em: <https://onlinelibrary.wiley.com/doi/book/10.1002/9781119199670>.

Construção de marcas

David Aaker, *Brand Portfolio Strategy*, Free Press, Simon & Schuster, 2004.

David Aaker. *Aaker on Branding*. Morgan James Publishing, 2014.

Jim Collins. *Good to Great*. Random House, 2001.

Byron Sharp e Jenni Romaniuk. *How Brands Grow*. volumes 1 e 2, Oxford University Press, v. 1, 2010; v. 2, 2015.

Experiência de marca

Shaun Smith e Andy Milligan. *On purpose: How to Deliver a Branded Customer Experience People Love*, Kogan Page, 2015.

Shaun Smith e Joe Wheeler. *Managing the Customer Experience*. Pearson Education, 2002.

Nomeação de marca

Tom Blackett. *Trade Marks*. Palgrave Macmillan, 1998.

John Murphy. *Brand Strategy*. Prentice Hall, 1990.

Avaliação da marca

David Haigh. *Brand Valuation: Managing and Leveraging Your Brand*. Institute of Canadian Advertising, 2000. Disponível em: <www.markenlexikon.com/texte/brandfinance_brand_valuation_leverage_may_2000.pdf>.

Jan Lindemann. *Brand Valuation: The Economy of Brands*. Palgrave Macmillan, 2009.

MITO 14

EM CERTOS TIPOS DE NEGÓCIO, MARCAS NÃO IMPORTAM

Ainda não encontramos um setor em que uma empresa não precisasse de algum tipo de marca para ajudar a conquistar e reter clientes.

Muitas pessoas parecem inerentemente desconfiadas das marcas e da prática de branding. Isso pode ter algo a ver com os mitos que estamos tentando desmascarar aqui, mas também pode ser porque existe alguma confusão genuína sobre o que uma marca faz e como as marcas operam em diferentes categorias. Apesar desse cinismo e confusão, ainda temos de encontrar uma categoria ou setor industrial (pelo menos em uma economia de mercado funcional) em que um negócio não precise de algum tipo de marca para conquistar e reter clientes.

Sempre nos divertimos com a história de que, mesmo na União Soviética (onde as marcas geralmente não eram muito importantes), as pessoas começaram a dar mais valor aos produtos fabricados em uma fábrica do que em outra. Por exemplo, aqueles afortunados o suficiente (ou em cargos altos o suficiente na burocracia estatal) para receber um carro tentariam obter um feito na fábrica com a melhor reputação. O selo do fabricante estava inadvertidamente tornando-se uma marca.

EVOLUÇÃO DA MARCA

Em uma economia de mercado funcional, as marcas funcionam efetivamente como um atalho. Começaram sendo simplesmente uma garantia de proveniência ou de qualidade — em sua forma mais básica, um fazendeiro marcando seu gado. Com o passar dos séculos e o crescimento das economias em tamanho e sofisticação, as marcas tornaram-se mais complexas e predominantes. O aumento do consumismo pós-guerra viu as marcas atuarem como identificadores, ajudando os consumidores a fazerem escolhas rápidas, fáceis e confiáveis em meio a uma lista de opções cada vez maior. Na década de 1980, tivemos tanta escolha e tanta ênfase no indivíduo que as marcas se tornaram uma forma de autoexpressão. Você poderia se alinhar com marcas de estilo de vida específicas e usá-las para comunicar como queria ser visto.

Na virada do milênio, as marcas estavam sendo usadas para ajudar as pessoas a escaparem da realidade cotidiana e a se sentirem especiais. "Bling bling" tornou-se a expressão coloquial para uma demonstração explícita de riqueza e sucesso. Marcas de luxo procuraram estender seu apelo e, conforme marcas como a Burberry nos ensinam, algumas dessas decisões acabaram causando problemas em longo prazo. As marcas de luxo ampliaram demais suas ofertas e sua maior familiaridade e disponibilidade começaram a corroer seu posicionamento *premium*. Mais recentemente, à medida que as pessoas começaram a fazer uma maior pesquisa sobre o que compram e compreenderam melhor o poder que as mídias sociais lhes dão, vimos as marcas assumirem um significado e uma significação mais profundos, conectando-se com as pessoas em um nível mais fundamental.

COMO FUNCIONAM AS MARCAS

No entanto, ao longo dessas tão faladas "épocas", duas coisas permaneceram praticamente inalteradas. Em uma economia de mercado livre funcional, o papel de uma marca é gerar (ou estimular) a procura e ajudar a manter (promover) a lealdade. Uma marca é valiosa porque ajuda a criar procura (que também pode suportar um preço *premium* ou evitar a erosão dos preços) e porque torna mais fácil para os clientes satisfeitos comprá-la novamente (uma promessa de satisfação futura). Uma vez que isso seja entendido, você pode começar a olhar para categorias específicas e entender melhor como as marcas funcionam.

Existem algumas categorias e setores que são efetivamente considerados como mercantilizados. Há tanta disponibilidade e tão pouca oportunidade para agregar valor ao produto-base que os clientes tenderão a prestar atenção apenas superficialmente a quem forneceu ou fabricou o produto. A marca desempenha um papel muito pequeno em influenciar a decisão de compra. A gasolina, o gasóleo para aquecimento, frutas e legumes podem ser essas categorias, mas um papel pequeno não é o mesmo que não ter importância. Em todas as categorias comoditizadas, haverá negócios que ainda conseguiram estabelecer marcas de sucesso: pense na Texaco, Pink Lady Apples, Sainsbury's Organics, Duchy Organics. Cada uma dessas marcas conseguiu construir um perfil distintivo e, como consequência, gerar procura adicional e fidelizar de forma sustentada. O Conselho de Marketing Kiwifruit da Nova Zelândia conseguiu até mesmo emplacar uma marca em seu humilde produto, a Zespri!

COMO AS MARCAS APOIAM OS PREÇOS

Dentro de certas categorias, a importância de uma marca na decisão de compra varia em função dos diferentes pontos de preços. Os computadores servem de exemplo. Muitos clientes só querem um computador barato e confiável que não vai decepcioná-los, e os clientes estão cientes do fato de que nesse setor os fabricantes compartilham componentes e tecnologia e são, em muitos casos, máquinas de montagem a partir do que é efetivamente uma caixa de peças global. Nesses casos, o papel da marca é relativamente baixo; é suficiente ser um fabricante "conhecido" com um histórico razoável em termos de cumprimento das expectativas e fiabilidade. No entanto, assim que você começa a olhar para os computadores mais *premiuns*, o papel da marca começa a se tornar desproporcionalmente mais importante. Se estamos gastando mais de três mil reais em um equipamento, por exemplo, queremos saber o que o torna diferente, quão confiável é, quão fácil é atualizá-lo, quão personalizável é e como é o serviço de suporte. Nesse ponto, o papel da marca tornou-se mais importante porque queremos um produto que pareça justificar seu preço *premium* e queremos reduzir o risco de tudo correr mal. Assim, comprar uma marca estabelecida e confiável como a Dell ou a Lenovo começa a fazer sentido.

MARCAS COMO PRINCIPAIS *DRIVERS* DA DECISÃO DE COMPRA

O branding funciona de modo um pouco diferente na moda e no vestuário. Aqui, o papel da marca é tipicamente muito mais significativo do que as categorias mencionadas anteriormente. Na moda, um grande elemento de onde você escolhe comprar ou quanto você está disposto a pagar é determinado por sua percepção da marca. Quando um cliente opta por comprar na Topshop, New Look ou Primark, está entrando efetivamente em um ambiente com curadoria. Essas marcas estão oferecendo a emoção da *fast fashion* a preços extremamente competitivos e gerando grande demanda, alto volume e uma base fiel de clientes. Da mesma forma, no segmento de vestuário de luxo, a marca provavelmente será *a* principal influência em sua decisão de compra. Quando você compra uma peça de roupa ou acessório de luxo, está comprando um conjunto complexo e valioso de associações tangíveis e intangíveis. Em categorias nas quais o papel da marca é muito alto, você verá marcas sendo trabalhadas de várias maneiras diferentes, a fim de alcançar valor para o varejista.

MARCAS COMO ORQUESTRADORAS

Quando você visita um supermercado Aldi ou Lidl (uma categoria em que a marca é pelo menos moderadamente importante), pode no início sentir-se como se tivesse entrado em uma espécie de universo paralelo antimarca, um lugar onde a piada são as marcas estabelecidas de bens de consumo que oferecem uma referência de produto para bens de marca própria do mercado e as pessoas que escolhem fazer compras em outro lugar. No entanto, também aqui o branding está sendo usado para gerar demanda e manter a lealdade. Aldi e Lidl conquistaram seu espaço em um dos mercados varejistas mais competitivos do mundo, a Alemanha. Todo seu modelo depende de oferecer aos clientes uma qualidade razoável a preços muito baixos, o que, por sua vez, é possível por meio da oferta de um ambiente de venda a varejo sem complicações e de uma escolha maciçamente restrita. No entanto, em grande parte em virtude das marcas "novas" e "originais" encontradas dentro desses supermercados, a maioria dos clientes não percebe a escolha restrita. As marcas próprias sustentam a proposta de valor e as novas marcas são, sobretudo, os fabricantes europeus menores e pouco conhecidos que foram abordados pela Aldi ou pela Lidl e que ofereceram grandes oportunidades de distribuição em troca de preços altamente competitivos.

AS MARCAS CONTINUAM RESISTINDO

Há alguns anos, muitos pensavam que o digital acabaria matando completamente as marcas. O argumento era que nossa capacidade de comparar produtos e serviços instantaneamente eliminaria a necessidade de qualquer tipo de atalho ou afinidade emocional mais ampla. Se o produto e o preço se tornassem tudo o que importava, a marca seria simplesmente uma indicação. No entanto, o mero crescimento e a prevalência de marcas digitais estão fazendo com que essa observação pareça prematura. A verdade é que as pessoas gostam de marcas. Na verdade, elas as querem. Google, Facebook, Airbnb, Uber, Deliveroo, eBay, PayPal, Compare the Market, ASOS e Farfetch são apenas alguns exemplos das milhares de marcas digitais que acompanham nossas vidas diárias, atendendo desde o mais geral até o supernicho. As pessoas gostam de pertencer a algo com que sentem afinidade — pessoas que pensam como elas e têm requisitos e expectativas semelhantes.

A percepção de que muitos de nós agora temos menos tempo para viver nossas vidas, combinada com a grande quantidade de mensagens diárias às quais cada um de nós está exposto, pode estar nos deixando menos inclinados a pensar profundamente sobre as marcas. O digital pode estar proporcionando mais oportunidades ou, pelo menos, tornando mais fácil ser superficial, mas isso dificilmente representa uma ameaça existencial. Os clientes continuarão a procurar o atalho para o novo, o original e o reconfortante e continuarão a revisitar as marcas que entreguem algo apelativo ou valioso. Em 2017, a tabela classificatória anual da WPP BrandZ estimou o valor cumulativo das cem maiores marcas, que é essencialmente uma avaliação de sua capacidade coletiva de gerar demanda e manter a fidelidade, com um faturamento de 3,6 trilhões de dólares. E essas cem marcas principais incluíam Amazon, Apple, Facebook, Google, Microsoft, Netflix e YouTube.

AS MARCAS IMPORTAM EM QUALQUER NEGÓCIO

Existe frequentemente um maior ceticismo quanto à relevância das marcas nos mercados B2B. Os CFOs de nariz em pé que operam em setores altamente competitivos, como manufatura e tecnologia, muitas vezes relutam em investir quantias significativas de dinheiro no que eles veem como intangíveis frágeis. Quando confrontado com tal circunstância, é, muitas vezes, útil lembrar o clichê de que "Ninguém nunca foi demitido por contratar a IBM". Em poucas palavras, a questão é essa. As marcas são importantes nos negócios porque, em última análise, os negócios são pessoais. Humanos gostam de pensar que são incrivelmente racionais em sua tomada de decisão, mas há muitas provas relativamente novas que apontam para o contrário. O livro *Thinking, Fast and Slow*, do economista e escritor Daniel Kahneman, vencedor do Prêmio Nobel, é uma exploração de nossos preconceitos cognitivos. Ele argumenta que, mesmo quando tomamos decisões de compra complexas, tendemos a comprar emocionalmente e a, depois, justificar racionalmente. Um comprador de um negócio está frequentemente à procura de uma vantagem competitiva, de minimizar o risco e de assegurar um parceiro de negócios confiável e com boa relação custo-benefício. Uma marca pode ser útil em todas essas motivações. Ela destaca a singularidade, mitiga o risco percebido, demonstra valor pelo dinheiro e transmite uma sensação de importância e confiabilidade.

Boeing, Rolls-Royce e Airbus: todas essas empresas investem fortemente em suas marcas. Nada irá deslocar seu foco principal na qualidade e fiabilidade de sua engenharia, fabricação, e manutenção — e nem deveria —, mas sua marca continua sendo importante. Quando os produtos oferecem níveis semelhantes de desempenho e excelência, então *por que* ou *como* você faz negócios assumem uma maior importância.

MARCAS EM SERVIÇOS PROFISSIONAIS

Isso também se aplica aos serviços profissionais e à consultoria empresarial. É verdade que, quando você está comprando serviços profissionais, normalmente vai atribuir muita importância às pessoas que estarão trabalhando em seu negócio. Mas para quem eles trabalham continua sendo importante. A Accenture, a Deloitte, a EY e a PwC investem quantias consideráveis em suas marcas corporativas. Uma marca bem respeitada é geralmente um pré-requisito para qualquer consultoria que deseje ser convidada a participar de um evento potencialmente lucrativo. Naturalmente, como um negócio de serviços profissionais, sua marca também ajuda a atrair o talento e desenvolver o pensamento e a propriedade intelectual necessários para ganhar o negócio em primeiro lugar.

Às vezes, as pessoas dizem que é a reputação de uma empresa que as influencia, mas a reputação é efetivamente sinônimo de marca. Ambas são as percepções e associações particulares que são específicas dos produtos ou serviços de sua empresa.

HÁ VALOR NA EMOÇÃO

O apego das pessoas às marcas em qualquer setor não deve ser subestimado. Quão irritado você fica quando não consegue encontrar seu café preferido? Quão indignado você fica quando alguém sugere que você deveria ter comprado uma marca diferente? Quão irritado fica quando alguém sugere que você deveria ter comprado um outro computador em vez de um iMac de dez mil reais? O que acontece quando um fornecedor muda o nome ou a especificação de um componente ou algum aspecto de seu serviço sem comunicar? Por que nos preocupamos tanto se um produto é feito de Gore-Tex ou de outro tipo de tecido?

Em quase todos os mercados e setores, há oportunidades, ainda que pequenas, para se diferenciar e agregar valor ao cliente. Como consequência, as marcas continuarão a ser importantes impulsionadores do valor da empresa, ajudando um produto ou serviço a ser ativamente preferido por um número crescente de clientes, bem como incentivando a compra repetida.

COMO AS MARCAS CONTRIBUEM PARA O VALOR

As marcas também podem ajudar a proteger uma empresa contra ameaças competitivas e regulatórias. É difícil para um concorrente copiar de forma significativa e legal uma marca forte composta por uma mistura única de atributos funcionais e emocionais. É difícil e caro sustentar a verdadeira vantagem do produto, mas é mais fácil proteger sua propriedade intelectual e todas as associações positivas que estão investidas nela.

Uma marca forte e estabelecida é também uma boa garantia de ganhos futuros. Como investidor, você pode estar razoavelmente confiante de que, nos próximos anos, a Coca-Cola continuará a ser relevante, a cumprir os requisitos regulatórios e a gerar receitas sólidas. O mesmo não se aplica a outras marcas do setor. É por essa razão que Apple, Google, Microsoft, Coca-Cola e Amazon são consideradas por muitas pesquisas como algumas das marcas mais valiosas do mundo. É muito provável que continuem a gerar fortes receitas e lucros nos próximos anos.

As marcas têm um papel a desempenhar em quase todos os aspectos de uma economia de mercado em funcionamento. Ajudam a criar valor, a manter a vantagem competitiva e são altamente passíveis de serem protegidas. As marcas ajudam as empresas a se conectarem e a reterem clientes, e os clientes são o sangue de qualquer negócio.

LEITURA ADICIONAL

Daniel Kahneman. *Thinking, Fast and Slow*. Pinguim, 2012.

Relatório WPP BrandZ. Disponível em: <www.wpp.com/wpp/marketing/brandz/brandz-2017>.

MITO 15

O BRANDING NÃO TEM NADA A VER COM A EXPERIÊNCIA DO CLIENTE

As marcas precisam oferecer consistentemente uma experiência distintiva, coerente e memorável e precisam aceitar que seus clientes não terão problemas em compartilhar o bom e o mau.

É verdade que as marcas (e, por extensão, o branding) são muitas vezes pensadas em termos de identidade e atribuição *a um proprietário*. Isso é compreensível: no passado, as marcas eram usadas principalmente como meio de identificação e autenticação, delineando tanto a procedência como a qualidade. Uma identidade visual, geralmente compreendendo uma marca, um sistema gráfico e um estilo fotográfico, é um ativo visível, muitas vezes amplamente aplicado em toda a experiência do cliente e propositadamente projetado para ser distintivo e memorável. (Note que "tangível" significa palpável, por isso é estritamente usado para se referir aos ativos que você pode tocar — fábricas, inventário etc.) Peça às pessoas na rua na maioria dos países desenvolvidos para nomear algumas marcas conhecidas e é altamente provável que elas façam referência a marcas como Apple, BMW, Coca-Cola, Levi's, Mercedes e Pepsi. É também muito provável que, à medida que se preparam para responder à pergunta, suas mentes se encham de uma mistura inebriante de identidades icônicas de marca e uma série de associações positivas ou negativas. Peça às pessoas para desenhar (de memória) as identidades dessas marcas e é bastante provável que a maioria seja capaz de fazer uma tentativa passável da maçã, da hélice, o lettering, o rótulo vermelho, a estrela e o círculo. Bilhões têm sido gastos estabelecendo essas associações em sua mente, então não é tão surpreendente que, quando as pessoas são convidadas a pensar em marcas ou branding, elas pensem naturalmente direto na identidade *visual*. No entanto, apesar do fato de que bilhões de dólares foram gastos na construção desse valioso reconhecimento instantâneo, é realmente apenas o início de uma história muito maior.

A MARCA É O QUE A MARCA FAZ

Embora o reconhecimento e a atribuição sejam fundamentais para o processo de construção da marca, o que você realmente pensa e sente sobre ela é a soma de todas as experiências individuais que você teve com essa marca em particular. No mundo de hoje, a construção de marcas de sucesso (de qualquer forma ou tamanho) está intimamente ligada à orquestração da experiência do cliente. O branding, em quase todos os setores imagináveis, tem tudo a ver com a experiência.

Vamos começar com uma ilustração poderosa desse ponto. A Apple é uma marca de tecnologia global altamente bem-sucedida que, qualquer dia desses (com permissão do mercado de ações), pode ser descrita com precisão como a empresa mais valiosa do mundo. Essa incrível ascendência foi alcançada em um período extremamente curto, primeiro sob a direção do fundador Steve Jobs e, mais recentemente, sob a égide de seu sucessor Tim Cook. Nos últimos vinte anos, a Apple tornou-se uma das marcas mais reverenciadas do planeta e conseguiu esse feito por meio de um único e implacável foco na qualidade da experiência do cliente. Steve Jobs sempre acreditou que a maneira de ganhar na computação pessoal era se concentrar na experiência do cliente durante todo o processo de compra. Para fornecer dispositivos eletrônicos de design impressionante que eram intuitivos, conectados e prazerosos de manusear e interagir. Jobs acreditava que os computadores (e dispositivos posteriores) estavam lá para servir às pessoas e que, como consequência, deveriam ser simples e fáceis de usar. Essa observação por si só acabou por ser visionária, mas o que realmente fez da Apple um sucesso global aconteceu à medida que Jobs implementou impiedosamente essa crença na totalidade da experiência do cliente. O primeiro ato de Jobs, após ser renomeado CEO interino da Apple em 1997, foi eliminar uma enorme quantidade de produtos e projetos de desenvolvimento, a fim de concentrar a empresa nos poucos produtos que ele acreditava que a transformariam. Jobs e, por extensão, a Apple são o exemplo definitivo da noção de que menos é mais.

A IMPORTÂNCIA DO FOCO E DA ATENÇÃO AOS DETALHES

Quanto mais você se aprofundar na história da Apple, mais verá essa singularidade em evidência. Jobs compreendeu intuitivamente que os dispositivos não precisavam ser caixas sem identidade. Ele usou o design para criar bonitos e elegantes dispositivos minimalistas que se tornaram itens de consumo cobiçados. Passava tanto tempo desenhando o interior de seus aparelhos como o exterior. Jobs incentivou seu pessoal a criar dispositivos poderosos e inovadores que funcionavam perfeitamente com sistemas operacionais próprios. Ele integrou seus dispositivos em ecossistemas mais amplos, permitindo à Apple gerenciar a totalidade da experiência do usuário e, ao mesmo tempo, usar a tecnologia para acelerar a disrupção de indústrias inteiras. O iTunes, por exemplo, acabou mudando a indústria musical para sempre. O mesmo cuidado e a mesma atenção aos detalhes foram aplicados à embalagem e ao que se tornou o ritual de *unboxing*. Ele criou publicidade icônica e reinventou completamente o varejo. As lojas Apple tornaram-se centros de experiência onde os clientes podiam ir brincar com os produtos e resolver problemas técnicos.

As lojas *clean* e organizadas com quase nenhum produto visível acabaram por bater todos os recordes de vendas.

O incrível sobre a Apple é que, com algumas exceções notáveis, ela estava usando tecnologia e técnicas que estavam disponíveis para todos os outros; ela apenas as reuniu de uma forma que surpreendeu e encantou o cliente e fez isso com um nível único de intencionalidade implacável.

A EXPERIÊNCIA É IMPORTANTE PARA TODOS OS TIPOS DE MARCAS

A Apple serve para ilustrar a importância de orquestrar uma poderosa experiência do cliente, mas também mostra quantos aspectos da experiência precisam ser pensados. É certo que algumas marcas estão em melhor posição do que outras para oferecer experiências imersivas e envolventes (companhias aéreas, restaurantes, centros de entretenimento etc.), mas isso não significa que a experiência não seja importante para todos os tipos de marcas. Na maioria das empresas de serviços, a única forma de dar vida a uma ideia excepcional ou modelo de negócio é por meio da experiência do cliente. Amazon, Dell, Metro Bank e Ikea seriam todos incomensuravelmente mais fracos se não tivessem escolhido manifestar seu propósito com aspectos-chave de sua experiência.

As marcas de produtos também estão percebendo o poder proporcionado pela criação de experiências memoráveis. Red Bull, a bebida altamente cafeinada, é uma marca literalmente construída sobre a ideia de experiências memoráveis e estimulantes. Promove e patrocina uma grande variedade de esportes radicais *mainstream* e de nicho, desde Fórmula 1 até corridas aéreas e *sky diving*. Marcas como Coca-Cola, Gillette, Heineken, O2 e Visa estão usando festivais como formas de construir relacionamentos diretos com os clientes. Elas irão procurar proporcionar formas pertinentes e envolventes de melhorar a experiência dos frequentadores de festivais, oferecendo desde passarelas virtuais, centros de carregamento de celular e até providenciando tendas de cerveja em miniatura. A Dollar Shave Club demonstrou como a nova tecnologia pode ser usada para reinventar completamente a relação que temos com nossa lâmina de barbear. Ao fazê-lo, tornou-se uma marca que modificou completamente a forma como pensamos sobre uma categoria de produto estabelecida.

O mesmo se passa no setor B2B. Gostamos de pensar que, em um contexto empresarial, compramos produtos e serviços de modo puramente racional, mas a quantidade crescente de novas evidências aponta para o fato de que tendemos a comprar emocionalmente e a justificar racionalmente, independentemente do que estamos comprando. A verdade é que valorizamos a qualidade de nossas interações nos negócios tanto quanto em nossas vidas pessoais. As quatro grandes empresas de consultoria investiram coletivamente milhões de dólares na melhoria da experiência do cliente. Empresas de manufatura como a Rolls-Royce e a GKN investiram bilhões na atualização de seus sistemas e processos, permitindo que sejam parceiros eficientes em tempo real para seus clientes. A American Express se reinventou completamente; não é mais apenas um cartão de pagamento, mas todo um ecossistema de despesas de negócios, um negócio de dados que ajuda os clientes a manterem o controle de seus gastos.

SER RUIM NAS COISAS COM QUE SEUS CLIENTES NÃO SE IMPORTAM

As empresas e marcas estão percebendo que a experiência do cliente está intimamente ligada à arte e à ciência da construção da marca e a estão perseguindo com uma intenção renovada. Em vez de tentarem tornar todos os aspectos de seu negócio perfeitos, as marcas mais esclarecidas perceberam que, para criar experiências memoráveis para os clientes, têm primeiro de priorizar. Como diz o acadêmico de Harvard Francis Frei: "Para ser bom em algo, um negócio tem geralmente de ser ruim em outra coisa; só precisa se certificar de que seus clientes não se importam com aquilo em que é ruim". Em termos simples, Frei destaca que não é economicamente viável simplesmente tratar de tudo. Se você já tentou falar com alguém do serviço de atendimento ao cliente da

Apple, você saberá que geralmente não consegue. A Apple atende aos clientes a sua maneira e, por causa de todo o resto, tem ido bem, seus clientes geralmente não parecem se importar. Empresas esclarecidas estão percebendo que, para dar vida a suas marcas, precisam priorizar e adotar um conjunto de marcas distintivas de produtos ou serviços. Essas marcas visam aos momentos mais importantes na experiência típica do cliente e são concebidas para maximizar o prazer ou minimizar a dor.

O VALOR DAS CARACTERÍSTICAS QUE O DISTINGUEM

A Virgin Atlantic faz isso de modo muito eficaz. Todos os aspectos da experiência do cliente foram cuidadosamente pensados, e as características são evidentes em pontos-chave da experiência, principalmente no início, meio e no fim de sua viagem. Por exemplo, a Virgin Atlantic sabe que, para os clientes profissionais (viajando em primeira classe), chegar ao aeroporto é, muitas vezes, um ponto-chave e, portanto, fornece a esses clientes um aplicativo integrado que lhes permite fazer check-in remotamente e monitorar o status de seus voos e limusines que os levam de seu destino para áreas designadas de check-in VIP, fazendo com que o trajeto até o aeroporto seja o mais simples e fácil possível. A Virgin oferece aos clientes ótimas experiências de lounge; dentro de um Virgin Clubhouse, os clientes podem escolher itens de um menu à la carte complementar, visitar a sala de jogos ou o spa, ou até mesmo tomar um banho antes do embarque. Uma vez a bordo e voando, os mesmos clientes se beneficiam de assentos confortáveis que se transformam em camas e podem desfrutar de uma bebida no bar. A Virgin Atlantic tem feito tudo o que pode para tornar o período de voo interessante e memorável — incluindo fornecer aos clientes de primeira classe em voos noturnos seus próprios pijamas de cortesia. Quando a aeronave chega ao destino final, os passageiros também têm a oportunidade de tomar uma ducha e refrescar-se no lounge. A Virgin Atlantic compreende a importância fundamental de "prendê-lo ou perdê-lo". Ela sabe que não pode fazer muito sobre o fato de que seus clientes têm de se sentar em um tubo de metal pressurizado a trinta mil pés de altura durante horas, então tenta fazer do tempo disponível algo positivo, tornando-o o mais agradável e memorável possível. Ela entende o que é importante para seus clientes mais valiosos e, portanto, oferece um conjunto de características distintivas e oportunas que procuram diferenciá-la da concorrência.

A ASCENSÃO DA ECONOMIA DA EXPERIÊNCIA

Em 1999, em seu livro *The Experience Economy*, os economistas Joseph Pine e James Gilmour anunciaram que as economias desenvolvidas estavam prestes a entrar em uma nova era econômica. Afirmaram que, assim como tínhamos passado pela economia agrária, pela economia industrial e pela economia de serviços, agora estávamos entrando na economia da experiência. O livro era altamente influente e, embora algumas de suas previsões fossem (com o benefício da retrospectiva) um pouco exageradas, ele era notavelmente visionário. O princípio central do livro é a ideia de que, como todos nós temos acessado mais e mais produtos e serviços, começaremos a valorizar as coisas que oferecem uma experiência distinta ou única, com o valor mais elevado de todas aquelas experiências que oferecem transformação pessoal. Uma rápida olhada em qualquer um dos sites de mídia social mais populares parece confirmar isso — uma grande proporção da atividade de mídia social envolve o compartilhamento de experiências pessoais ou coletivas. Damos um valor significativo ao que experimentamos e não hesitamos em celebrar o bom e compartilhar o ruim.

A Virgin é uma marca que intuitivamente compreendeu o poder das experiências transformadoras. Criou um portfólio impressionante de interesses comerciais, optando por entrar em mercados em que os clientes têm sido tradicionalmente mal servidos. Às vezes, por conta própria e, muitas vezes, com outros grupos de investidores, a Virgin ajudou a estabelecer novos padrões em setores como viagens aéreas, viagens de trem, serviços financeiros, assistência médica e até mesmo em sua academia local. A Virgin procura mercados nos quais possa mudar o jogo e oferecer aos clientes uma melhor experiência. Atualmente, há mais de 29 interesses comerciais diferentes operando sob a marca Virgin e, embora nem todos sejam pioneiros, muitos conseguiram transformar as expectativas de serviço. Richard Branson está atualmente trabalhando para ser o primeiro a oferecer aos clientes viagens espaciais práticas e acessíveis!

Alguns, sem dúvida, sentirão que já deixamos para trás a economia da experiência e estamos agora entrando numa quinta era, uma era de tecnologia melhorada e inteligência artificial (IA). Embora seja inegável que a tecnologia esteja acelerando a nossa capacidade e transformando vidas, parece que a tecnologia continuará a ser utilizada (em seu conjunto) para melhorar a forma como vivemos e interagimos com o mundo. Assim, a economia da experiência está ainda muito na infância e a tecnologia será utilizada para proporcionar experiências mais relevantes, envolventes e imersivas. Em um mundo de processos automatizados e inteligência artificial, parece provável que vamos colocar um valor ainda maior em conexões humanas e experiências memoráveis ou únicas.

A TECNOLOGIA ESTÁ TRANSFORMANDO NOSSAS EXPECTATIVAS

À parte de como a tecnologia será usada no futuro, ela já está influenciando radicalmente nossas atuais expectativas de como será um bom serviço. O principal entre esses agentes de mudança é a Amazon. Esse negócio revolucionou o comércio eletrônico e mudou fundamentalmente o que os clientes veem como uma boa experiência de serviço. Quando é possível receber a entrega no dia seguinte por meio de um grande estoque e com apenas alguns cliques simples, as expectativas dos clientes mudam para sempre. Se a Amazon consegue fazer tudo isso com rapidez e precisão, por que um varejista muito menor não conseguiria gerenciar a mesma coisa? Se a Amazon pode ter preços competitivos e, mesmo assim, oferecer retornos perfeitos e rastreamento preciso de produtos, por que os outros não podem? É claro que o fato de a Amazon ter feito uma grande aposta na natureza do comércio eletrônico e ter se provado correta nem sempre é compreensível; os clientes não se importam necessariamente com a forma como isso foi alcançado ou como será difícil para outros alcançarem. No momento em que a Amazon desenvolveu essa capacidade, rapidamente se tornou a nova norma. Esse é agora o novo padrão para o serviço, aquele pelo qual todos os outros negócios e marcas são julgados — e, curiosamente, assim como a Apple, ele veio de um fundador profundamente centrado no cliente que acreditava em uma nova visão para o varejo.

A Amazon está criando abalos sísmicos no varejo. Se ela pode aparentemente entregar qualquer produto em questão de dias, como a minha concessionária de carros local leva seis semanas para receber e instalar uma peça de reposição para meu veículo? Se eu decidir que quero uma cama ou colchão novo, por que me pedem para esperar oito semanas até que isso apareça à minha porta? Os clientes não vivem no vácuo; depois de terem experimentado o melhor do setor, esperam obtê-lo em qualquer outro lugar. É claro que uma coisa é um negócio que nasceu no mundo digital perturbar um mercado, mas outra bem diferente é um negócio estabelecido enfrentar a disrupção e se reinventar completamente, mas alguns já fizeram isso.

ALGUMAS MARCAS ESTABELECIDAS ABRAÇARAM A OPORTUNIDADE DIGITAL

Os principais varejistas como a Argos e a John Lewis conseguiram reestruturar parcial ou totalmente suas atividades para enfrentar os desafios e oportunidades de um mundo digital. Os bancos também trabalharam arduamente para garantir que se aproximassem o máximo possível de oferecer a seus clientes uma experiência *omnichannel*. Os clientes podem interagir com todas essas empresas da maneira que quiserem, por meio da loja, de uma infinidade de dispositivos habilitados para a Web, de um aplicativo ou até mesmo por telefone. Essas marcas irão armazenar seu histórico de compras e navegação, permitindo-lhe saltar menos entre dispositivos e servindo-o com conteúdo e incentivos relevantes e altamente direcionados.

À medida que o comércio eletrônico continua seu crescimento inexorável, as empresas são obrigadas a repensar o que fazem com seus ativos físicos — suas lojas, seus salões de exposição, seus estoques e suas redes de distribuição. No passado, os ativos físicos conferiam frequentemente uma vantagem distinta. Eles impulsionavam as vendas, eram a chave para uma distribuição eficaz e ajudavam com barreiras alfandegárias. Agora, a situação é mais complexa. À medida que mais e mais transações ocorrem on-line e os clientes aparecem em lojas e concessionárias já familiarizados com o que está em oferta, os proprietários de marcas estão transformando suas lojas mais em centros de experiência. Em vez de simplesmente "vender" produtos ou serviços, os funcionários estão sendo reposicionados como anfitriões — representantes, guias e educadores.

Muitos varejistas oferecem uma variedade de experiências com curadoria. As principais lojas da Nike são, na verdade, centros imersivos onde você entra em uma série de minimundos. As lojas oferecem roupas de edição limitada e a oportunidade de criar roupas e calçados personalizados. Você pode até optar por fazer exercícios em sua loja local. A BMW introduziu os *genius bars*, balcões para os clientes se informarem em algumas de suas maiores concessionárias, onde se pode procurar ajuda e aconselhamento sobre qualquer aspecto dos diversos produtos BMW. Também é verdade que as experiências têm uma meia-vida. Uma vez que você é reconhecido por ter uma experiência de marca distintiva, é importante que você seja capaz de manter a dinâmica. Marcas como a Nike constantemente revisam o impacto do que estão causando e reconhecem a percepção, a energia e a criatividade necessárias para permanecerem à frente do cliente.

A NATUREZA MUTÁVEL DA EXPERIÊNCIA DO VAREJO

Uma conhecida marca de aparelhos eletrônicos decidiu deixar de pedir a seus representantes que "vendessem" e, em vez disso, pediu-lhes que "explicassem". O proprietário da marca percebeu que os clientes já chegavam com algum conhecimento sobre o produto. O papel do representante foi o de acrescentar informações a esse conhecimento e garantir que os clientes obtivessem uma compreensão completa de seus diversos produtos, permitindo que eles, e não o atendente, tomasse uma decisão informada sobre o modelo adequado.

EXPERIÊNCIAS CRIAM CONEXÕES PODEROSAS

A experiência está intimamente ligada à percepção da marca. Não só nossas experiências moldam poderosamente nossas percepções, como também temos uma grande influência na percepção dos outros. As redes sociais amplificam enormemente esse efeito. As marcas precisam oferecer consistentemente uma experiência de cliente distintiva, coerente e memorável e precisam aceitar que seus clientes não terão problemas em partilhar o bom e o ruim. As marcas precisam tornar mais fácil para os clientes compartilharem as coisas boas e serem ágeis e eficazes em resposta às coisas que dão errado; errar é humano, mas desprezar seus clientes é um pecado que não será tão facilmente perdoado.

Embora seja fácil pensar nas marcas em termos puramente visuais, seu poder vem de sua capacidade de ocupar um espaço em nossas mentes. Uma marca é realmente a mistura única de associações emocionais e racionais que se formam como consequência de todas as nossas interações com ela. À medida que os clientes se tornaram mais sofisticados e a experiência, mais valorizada, as marcas procuraram construir uma vantagem mais distinta para sua experiência. A tecnologia está ajudando a acelerar essa mudança, mudando as expectativas, perturbando mercados estabelecidos e ajudando os proprietários de marcas a construir novas e mais convincentes experiências. Fazer com que a experiência do cliente seja correta é realmente importante.

As marcas têm tudo a ver com a experiência do cliente.

LEITURA ADICIONAL

B Joseph Pine II e James H Gilmore. "The Experience Economy". *Harvard Business Review Press*, 1999, 2011.

MITO 16

O BRANDING TEM A VER APENAS COM O PRODUTO

Uma marca é muito mais do que apenas o produto.
É um composto de centenas de atividades concebidas para formar e ocupar um espaço na mente do cliente.

Esse mito está muito na moda. Não só se ouve as pessoas afirmarem regularmente que as marcas são apenas pompa desnecessária e inconsequente, mas também se cita a perturbação causada pela tecnologia como um golpe fatal para as marcas. Agora que somos capazes de comparar tudo on-line instantaneamente, tudo o que realmente importa é o próprio produto.

Esse é um mito enorme.

As marcas são muito mais do que apenas um produto ou serviço. E, se elas estão prestes a se tornar irrelevantes pela tecnologia, então como sete das dez marcas mais valiosas do mundo (de acordo com a Interbrand) são marcas de tecnologia? Não faz sentido. Uma marca é um composto. É a consequência de centenas de decisões e atividades individuais e, embora um produto ou serviço esteja normalmente no centro de uma marca, está longe de ser a única coisa que importa.

AS MARCAS CONFEREM VANTAGENS SIGNIFICATIVAS

Este exemplo, retirado do setor automobilístico, servirá para ilustrar a questão. Se encontrássemos uma seleção de automóveis equivalentes de uma série de diferentes fabricantes, fizéssemos uma lista dos principais critérios de desempenho em uma tabela básica e depois eliminássemos todas as referências aos modelos e marcas individuais, garantimos que seria praticamente impossível distinguir os modelos. Nós também suspeitamos que você se sentiria muito desconfortável usando a tabela como a única base para uma decisão de compra que pode chegar a custar dezenas de milhares de reais. A verdade é que, em quase todos os mercados, a maioria das empresas líderes estará oferecendo aos clientes paridade de desempenho. Embora o produto (ou serviço) seja importante, suas características por si só raramente são tão instrutivas quando se trata de fazer uma escolha. Isso também se aplica à capacidade de comparar instantaneamente características e desempenho: você acha que isso significa que as empresas estarão mais ou menos propensas a buscar paridade umas com as outras?

As marcas são importantes porque oferecem uma oportunidade de competir em mais do que apenas no produto ou serviço. Também são muito mais difíceis de copiar. Se uma marca conseguiu ocupar um espaço em sua mente, vai ser difícil de tirá-la e é improvável que seja afastada por uma marca concorrente que tente copiar a mesma abordagem. As marcas são uma importante fonte de diferenciação; fomentam a vitalidade e a originalidade e ajudam os proprietários de marcas a construir associações positivas e valiosas com seus clientes.

É muito difícil para qualquer marca se diferenciar apenas com base na qualidade de seu produto. As características são geralmente muito fáceis de copiar e até mesmo marcas inovadoras descobrem que os concorrentes são rápidos em acompanhar as mudanças. Isso não significa que a qualidade e a variação em seu produto ou serviço não sejam importantes, apenas que, sem uma patente para um ingrediente específico ou inovação técnica, é improvável que uma marca mantenha seu benefício de produto único por muito tempo. Há exceções, claro. KFC e

Coca-Cola mantiveram suas receitas em segredo durante anos. Nenhum carro é tão bom de dirigir como um Porsche e ninguém entrega de forma tão abrangente e rápida como a Amazon. No entanto, existem milhares de exemplos de inovações de produtos e serviços que foram copiados de forma rápida e eficaz. A maioria dos automóveis médios apresenta atualmente características muito semelhantes. Tecnologias como freios ABS ou bluetooth, que eram exclusivas de apenas alguns veículos, é agora mais ou menos padrão entre os fabricantes. A tecnologia ativada por voz, como a Siri da Apple, foi rapidamente emulada e, sem dúvida, superada pela tecnologia de outros fornecedores, como a Amazon.

Os produtos e serviços inovadores podem proporcionar vantagens competitivas a curto e, por vezes, até mesmo em médio prazo, mas raramente são sustentáveis. Mesmo a Intel, que projetou e patenteou sua própria tecnologia do semicondutor, só conseguiu permanecer adiante utilizando o poder de uma abordagem inovadora do branding, posicionando-se como um ingrediente vital dentro dos computadores de outras empresas.

GRANDES MARCAS AJUDAM A DIFERENCIAR GRANDES PRODUTOS

Os grandes negócios estão geralmente centrados em um grande produto ou serviço, mas são sustentados por suas marcas e pelo poder que dão aos proprietários das marcas para gerar procura e sustentar receitas. Vamos analisar o setor automobilístico por um momento. Quando você escolhe um carro, olha atentamente para o desempenho do produto, incluindo quais são seus pontos fortes em relação à concorrência, mas é altamente provável que sua decisão de compra também seja influenciada pela força da marca do fabricante. Ao reduzir suas escolhas, você estará pensando (consciente ou inconscientemente) sobre quais marcas prefere, e essa preferência será formada a partir do resumo de todas as diferentes interações que você teve com aquela marca. Tudo o que você sempre soube sobre o fabricante — a publicidade, o design dos carros, a experiência da concessionária, as classificações e opiniões, os patrocínios e associações, bem como as recomendações pessoais e muito mais — irá se combinar para deixar uma impressão em sua mente. A força dessa impressão ditará o quanto você é capaz de se identificar e, portanto, de se ver dentro desse carro em particular. Construir uma marca é estabelecer uma expectativa, entregar consistentemente essa expectativa e então encontrar maneiras de reforçar a experiência positiva de modo que você possa persuadir o consumidor a comprar novamente.

Se um cliente está comprando creme dental ou um smartphone, o papel da marca pode variar (em comparação com outros fatores), mas, em ambos os casos, o cliente está comprando muito mais do que apenas a eficácia funcional do produto. Vamos pegar uma marca de cada uma dessas categorias para explicar a questão.

UMA HISTÓRIA DE DUAS MARCAS

A Sensodyne (propriedade da GSK) é uma das principais pastas de dentes *premium* do mundo, tal como o iPhone (fabricado pela Apple) é um dos principais smartphones *premium* do mundo. Ambas as empresas empregam técnicas semelhantes para ajudar a construir suas marcas. Ambas começam com um produto de alto desempenho. A Sensodyne tem eficácia comprovada na redução da sensibilidade e clareamento dos dentes, além de diversas tecnologias inovadoras concebidas para aumentar ainda mais a eficácia. Da mesma forma, a Apple começa com um conjunto de dispositivos de alto desempenho que, sem dúvida, lideram o caminho em termos de desempenho integrado de hardware e software. Embora a preços muito diferentes, a marca exerce um elevado grau de influência em ambas as categorias — mas por razões diferentes. Precisamos confiar em nosso creme dental e acreditar que, por esse preço, ele fornecerá eficácia comprovada. Ao gastar mais de quatro mil reais, por exemplo, em um novo smartphone, precisamos sentir que o gasto é justificado e que nos sentiremos bem em comprar o aparelho.

Assim, em ambos os casos, as marcas são implantadas para ajudar a atender a esse requisito fundamental. Vejamos de que outra forma a marca contribui para o produto. Vamos começar com a publicidade e as comunicações. A Sensodyne se apresenta sempre como a escolha dos profissionais, podendo assim justificar seu preço *premium* e obter apoio adicional para sua principal eficácia. A Apple faz algo semelhante; é bem sabido que seus produtos são a escolha da comunidade criativa profissional e ela reforça essa mensagem em sua publicidade ao consumidor. Os anúncios da Apple são vibrantes, simples e enigmáticos. Na questão da disponibilidade e da presença na prateleira, ambas as marcas controlam de perto sua disponibilidade e distribuição. A Sensodyne toma muito cuidado para garantir que seus produtos sejam disponibilizados nos consultórios dentários e exerce um alto grau de controle sobre como e onde o produto é vendido. A Apple é famosa por controlar a disponibilidade e a distribuição. Os produtos da Apple só estão disponíveis em seus pontos de venda, lojas on-line e por meio de um número muito limitado de revendedores *premium*. A Apple quer controlar toda a experiência de varejo porque é aqui que ela pode reafirmar o que torna a marca distinta — ninguém tem uma loja tão única quanto a da Apple.

Depois há a própria embalagem. A Sensodyne utiliza símbolos *premium*, incluindo muito espaço em branco e gráficos cuidadosamente desenhados para forçar as associações com a odontologia profissional, clareamento e a tecnologia patenteada contida em seus produtos. A Apple também faz isso de forma brilhante. Ela percebeu que, com um item de valor muito alto, a experiência de desembrulhar o produto é tão importante quanto comprá-lo. De acordo com os padrões modernos, a embalagem da Apple é de alta qualidade e uma maravilha do design intuitivo feita de papel-cartão. Nada disso é por acaso. A embalagem foi concebida para engrandecer as qualidades *premium* únicas do produto que você comprou e para reforçar a criatividade e a simplicidade zen do *ethos* da Apple.

Nesses exemplos, abordamos apenas três pontos específicos, por vezes referidos como "momentos da verdade", mas há muitos, muitos mais. O que esperamos que tenha conseguido ver é como diferentes elementos da marca se combinam para dar apoio ao produto e ao preço *premium*.

TAL COMO OS PRODUTOS, AS MARCAS CONTINUARÃO A CRESCER EM SOFISTICAÇÃO

À medida que o entendimento de como nossas mentes funcionam continua aumentando, a sofisticação com que as marcas buscarão influenciar nossa percepção e opinião também aumentará. Daniel Kahneman, em seu influente livro *Thinking, Fast and Slow*, ajudou a transformar nossa compreensão do que sabemos sobre como as pessoas pensam. Kahneman afirma que todos nós temos dois modos primários de pensar. Ele rotula esses modos como Sistema 1 e Sistema 2. O primeiro modo está em grande parte relacionado com a parte intuitiva do nosso cérebro que nos ajuda a avaliar rapidamente pessoas e situações e formar conexões entre as coisas. O segundo modo está associado a resolver problemas complexos ou verificar a validade de um argumento lógico. Kahneman reconhece que não inventou esses modos, mas o que é novo é a medida em que ele acredita que o Sistema 1 nos influencia. Isso é importante para entender por que o pensamento do Sistema 1 gosta de usar heurística. Heurística é um termo usado na psicologia para atalhos mentais que nos ajudam a tomar decisões mais rapidamente; uma vez que você entenda essas heurísticas, pode usá-las para influenciar o comportamento do cliente.

Os profissionais usam essas heurísticas para ajudar a moldar sua percepção de uma marca. Um bom exemplo disso é chamado "ancoragem". Acontece que aquilo que uma pessoa está disposta a pagar por algo varia de acordo com o fato de ser dado ou não a essa pessoa um ponto de ancoragem. O que pode ter parecido caro de repente pode parecer menos caro se for dada a você uma indicação do último preço pago por esse produto ou serviço, ou se puder ser demonstrado que outras pessoas com suas necessidades pagaram, em média, um preço muito semelhante. As heurísticas podem tornar-se muito sofisticadas. Do mesmo modo que podem ser usadas para moldar a percepção de preços, podem ser usadas para moldar áreas como qualidade percebida ou eficácia. Há uma razão pela qual os fabricantes de automóveis passam muito tempo ouvindo o som "correto" do fechamento da porta. O som que remete a uma porta mais pesada é usado por muitos clientes como uma indicação heurística, um atalho para a percepção da qualidade do produto completo. As marcas são muito mais do que apenas um bom produto ou serviço. O profissional de hoje deve usar todas as ferramentas a sua disposição para moldar e influenciar a percepção e o comportamento do cliente. O que dizer então da tecnologia que eleva a importância do produto a tal ponto que leva à morte da marca?

Bem, neste momento, esse argumento não parece muito convincente.

A TECNOLOGIA ESTÁ PROPORCIONANDO NOVAS OPORTUNIDADES PARA AS MARCAS

É, sem dúvida, verdade que, no mundo de hoje (mais do que em qualquer outro momento, provavelmente), uma marca terá dificuldade para sobreviver com um produto ou serviço defeituoso. O que a tecnologia tem feito é ampliar exponencialmente o poder da opinião do cliente. No passado, uma marca poderia provavelmente escapar sendo medíocre porque um cliente insatisfeito teria dificuldade em contar para mais do que algumas pessoas sobre sua experiência antes que se esquecessem dela e seguissem em frente. Já não é mais assim. Um cliente insatisfeito agora pode compartilhar ou tuitar sua experiência negativa para milhares (e às vezes milhões) de pessoas em apenas alguns segundos. Isso tem consequências profundas para as marcas. De acordo com uma pesquisa conduzida pela Adobe, 72 por cento dos millennials pesquisam e fazem compras on-line antes de irem a uma loja e (de acordo com a *Time*) 74 por cento dos clientes dos Estados Unidos identificam o boca a boca como um fator-chave em sua decisão de compra — avaliações positivas de clientes também podem aumentar as vendas em até 34 por cento. Para que uma empresa prospere hoje em dia, deve oferecer (no mínimo) um nível aceitável de qualidade de produto ou serviço. Mas, como muitas coisas, isso também oferece às marcas uma oportunidade fantástica. Se forem capazes de compreender melhor os clientes e fazer intervenções eficazes ou oportunas, então as marcas também têm uma boa chance de serem celebradas por eles.

A tecnologia tem ajudado a fechar a lacuna entre o que uma marca diz e o que ela realmente faz (ou fornece), porém, mais que isso, também deu às boas marcas novas oportunidades de serem celebradas por seus clientes por fazer as coisas do jeito certo.

A tecnologia também facilitou a comparação de produtos e serviços (bem como a troca) entre marcas concorrentes. Embora isso tenha, sem dúvida, tornado as coisas mais desconfortáveis para algumas das marcas estabelecidas, também ajudou a trazer uma nova competitividade para mercados anteriormente mais parados. O mercado de energia do Reino Unido é um exemplo disso. Enquanto esse setor ainda é dominado pelas grandes empresas de energia, os últimos anos viram uma infinidade de novas empresas entrando nele com mais de sessenta marcas diferentes que agora competem pelo negócio. Alguns desses novos *players* estão trazendo novas propostas para o mercado e estão começando a receber impulso. Os clientes estão começando a entender que vale a pena "dar mais uma olhadinha".

NÃO CONFUNDA TRANSFORMAÇÃO COM O FIM

Outro fenômeno atualmente em curso parece ser o do esvaziamento da oportunidade do mercado médio. Parece que, para prosperar na economia de hoje, as marcas precisam ser rápidas e baratas ou inovadoras e caras. Com marcas como Amazon transformando velocidade e entrega e poderosas ferramentas de pesquisa como o Google nos permitindo encontrar e avaliar produtos instantaneamente, os clientes parecem muito menos inclinados a querer gastar tempo vagando pelas ilhas de varejistas medianos à procura de produtos confiáveis, mas não empolgantes. Mesmo fora do varejo, os clientes parecem querer que suas marcas do dia a dia sejam baratas e confiáveis para que isso os deixe com espaço para experiências mais indulgentes e transformadoras. No entanto, embora essas mudanças sejam interessantes, é preguiçoso e visivelmente falso usá-las como prova de que as marcas estão sendo diminuídas e tudo o que importa agora é o produto. Embora a tecnologia esteja definitivamente mudando os modelos de negócio estabelecidos e, ao mesmo tempo, colocando sob pressão algumas marcas reconhecidas, também está ajudando a dar origem a novos modelos de negócio e a novas marcas.

É verdade que, na economia atual, poucas marcas podem oferecer aos seus clientes produtos e serviços consistentemente medíocres. Mas deve-se lembrar que os produtos e serviços são apenas um componente (embora importante) de uma marca. A marca é muito mais do que apenas o produto. A marca é um composto de centenas de atividades concebidas para formar e ocupar um espaço na mente do cliente. A tecnologia não eliminou a necessidade de uma nem elevou o produto a um status elevado. A marca, muito mais do que qualquer produto ou serviço individual, continua a ser a melhor forma de construir e proteger uma vantagem competitiva em longo prazo.

LEITURA ADICIONAL

Daniel Kahneman. *Thinking, Fast and Slow.* Allen Lane, 2011.

MITO
17

CRIAR NOMES DE MARCAS É FÁCIL

O processo de desenvolvimento de nomes precisa ser cuidadosamente gerenciado, com nomes verificados quanto à disponibilidade legal e adequação cultural e linguística. Isso é muito mais difícil do que parece.

Esse mito é teimosamente persistente. Criar e registrar uma marca não é assim tão fácil e raramente é simples. Há muitas razões para que esse mito exista, mas possivelmente a principal delas é que muitas pessoas parecem acreditar que nasceram com uma habilidade inata de nomenclatura. Na nossa experiência, esse dificilmente é o caso. O nome parece ser considerado até mesmo por muitos profissionais como uma tarefa essencialmente fácil; só é necessário que algumas pessoas com mente criativa se reúnam, bebam um pouco de café e deem algumas ideias.

Talvez se você for uma empresa muito pequena, com pouca ambição e sem uma compreensão real do valor das marcas, isso seja suficiente. Em quase todos os outros casos, não é. Se você é um grande negócio com projetos em expansão e pretensão de comercializar internacionalmente, então você seria bem aconselhado a levar mais a sério esse processo.

DECIDA SE UM NOVO NOME É REALMENTE NECESSÁRIO

Antes de embarcar na criação de um novo nome, aconselhamos que você sempre reflita para determinar se um novo nome de marca é realmente necessário. É fácil supor que você necessite desenvolver um nome de marca novo quando realmente tudo o que precisa é de uma descrição simples. O trabalho do profissional é manter a proliferação de marcas desnecessárias a um mínimo absoluto. Além disso, mesmo antes de começar a criar novos nomes, é sempre uma boa ideia olhar para o que você tem que poderia sensivelmente ser redirecionado ou reposicionado. Sempre olhe para trás, para seu conjunto completo de marcas registradas; proprietários de marcas estabelecidas, muitas vezes, têm um grande catálogo de nomes amplamente esquecidos que podem ser reutilizados.

OS NOMES DE MARCAS PODEM SE TORNAR MARCAS COMERCIAIS VALIOSAS

Vamos começar com as implicações legais e financeiras. Os nomes de marcas podem ser registrados como marcas registradas e, como tal, podem ser legalmente detidos e protegidos. Isso é importante. As marcas podem ser extremamente valiosas, e, enquanto uma marca pode ocupar um espaço na mente do cliente, as coisas que ajudam a identificá-la (o símbolo, o design, a forma da embalagem e até mesmo um som) podem ser definitivamente registradas e protegidas. É a capacidade de possuir e proteger legalmente esses ativos tangíveis que cristaliza o valor de uma marca.

Do ponto de vista jurídico e financeiro, portanto, os aspectos mais significativos de uma marca são suas marcas registradas, isto é, o nome e a identidade. Qualquer profissional que pretenda reivindicar mais do que um simples nome de domínio registrado tem de poder registrar e proteger sua marca; com efeito, tem de assegurar que o nome e a identidade da marca que propõe sejam efetivamente livres de encargos — em outras palavras, que algo idêntico ou muito semelhante ainda não foi desenvolvido e está registrado ou tem um registro pendente.

Isso é ainda mais complicado pela necessidade de registrar seu nome em todos os territórios e em todas as categorias nas quais você planeja negociar. Quando um profissional informado quer acertar desde o início, há uma série de fatores que precisam ser considerados.

A boa notícia é que, com um pouco de pragmatismo e o apoio de um advogado especializado em marcas, muitas dessas complexidades podem ser superadas com sucesso. Muitos profissionais vão realmente procurar registrar em apenas alguns territórios e categorias de marcas registradas, e isso ajuda a simplificar o processo enormemente. Na verdade, a União Europeia administra um registro de marcas centralizado, fazendo verificações iniciais relativamente rápidas e acessíveis. Muitas marcas puramente digitais estarão menos inclinadas a se preocupar com o registro extensivo em várias categorias de marcas registradas.

Também é verdade que o grande volume de pedidos e registros significará quase a certeza de encontrar uma objeção ao seu registro. A fim de ser concedido um registro bem-sucedido, você provavelmente será obrigado a comprometer e aceitar uma restrição a uma faixa específica ou mais estreita de categorias de marcas registradas. Você pode até ter de negociar com um terceiro para que os direitos de um nome existente possam ser transferidos legalmente para você. Note-se que, por vezes, também são realizados processos para o que é conhecido como "*passing off*". Isso acontece normalmente nos casos em que uma marca imita outra de tal forma que o cliente fica genuinamente confuso e a marca de origem fica em desvantagem financeira. Instâncias como essas são tipicamente encontradas em mercados de bens de consumo. Embora o nome e a identidade não sejam exatamente os mesmos, seu conjunto é considerado suficientemente confuso e impactam a marca de origem negativamente.

Até certo ponto, o nível de complexidade associado ao processo de registro será ditado pelo potencial tamanho e âmbito da marca. Se você é uma empresa multinacional que procura lançar ou renomear uma marca de bilhões de dólares, é provável que leve em conta todos os fatores anteriores. No entanto, grande ou pequeno, o profissional é bem aconselhado a considerar os aspectos legais do processo de nomeação antes de embarcar na jornada e incorrer em tempo e despesas.

O QUE HÁ EM UM NOME?

A segunda parte do processo que torna o nome da marca mais complicado é o papel do nome em ajudar a estabelecer ou construir a própria marca. Nem sempre é aparente para o observador casual, mas diferentes tipos de nome podem ajudar os proprietários de marcas a alcançarem coisas diferentes. *Naming* não é bem uma ciência, mas pode ser abordado mais estrategicamente do que a maioria das pessoas imagina.

Pouco antes de explorarmos essa área, vamos lembrar também que o nome de uma marca — em si mesmo — não é a mesma coisa que a marca. Uma marca é um composto, uma mistura de atributos funcionais e emocionais que residem na mente do cliente. Para ilustrar esse ponto, há muitas empresas com nomes que, uma vez vistos fora de contexto (e isoladamente), parecem estranhos ou mesmo inadequados. Começando do zero, você teria escolhido Boots, ou seja, "botas", para o nome de um químico? Você teria escolhido Dunhill (uma letra diferente de *dung hill*, ou "monte de estrume", em tradução literal) para um nome que adornasse uma série de artigos masculinos de luxo? Quando você vai a uma loja de informática e pede um Apple, você espera receber uma pequena fruta? Nós suspeitamos que não. A questão é que, aplicadas num contexto de marca, essas palavras perderam em grande medida suas associações originais e representam, agora, conjuntos de significados e associações completamente diferentes. Um nome de marca é um identificador importante, mas reconhecer seu papel inerente e sua flexibilidade é fundamental para aproveitar ao máximo a oportunidade de nomear.

O NOME DESCRITIVO

Existem essencialmente três categorias de marcas, cada uma com prós e contras, e esses nomes são provavelmente considerados melhor se pensarmos que ocupam uma determinada posição em um espectro mais amplo. Em um extremo desse espectro, temos nomes descritivos. Esses são nomes total ou amplamente descritivos do que a marca faz. Compare The Market ["Compare os mercados", em tradução livre] é um bom exemplo de nome descritivo. Os clientes não irão ficar com dúvida sobre o que essa marca faz. Da mesma forma, a British Airways é uma descri-

Figura 17.1 ***O espectro do*** **naming**

ção direta do que a marca faz, como é a Pizza Hut ou o gigante digital Facebook. Para além de lhe dizer o que é ou faz uma marca, um nome descritivo também pode descrever uma ação ou sentimento combinado, por exemplo, o PayPal (que vem de "paying your pal", ou "pagando seu amigo", em tradução livre). Nomes descritivos são úteis porque precisam de pouca explicação ou qualificação. Podem ser eficientes no lançamento e estão muito presentes em todo o espaço digital. No entanto, em virtude de sua natureza descritiva, podem ser muito mais difíceis de registrar e proteger com êxito. Como regra geral, quanto mais descritiva for uma palavra, mais difícil será registrá-la legalmente.

O NOME ASSOCIATIVO

A situação é diferente para a próxima categoria de nome no espectro. Os nomes associativos são geralmente concebidos para criar uma associação clara com um benefício ou sentimento desejado e têm a vantagem de serem menos descritivos, portanto, geralmente mais fáceis de registrar. A desvantagem é que os nomes associativos perdem o benefício de serem imediatamente compreensíveis e podem exigir mais sustentação ou qualificação. Em alguns casos, uma palavra descritiva pode se tornar associativa simplesmente por ser aplicada em um contexto completamente diferente. Por exemplo, a Apple ser utilizada no domínio dos dispositivos pessoais e da informática. O Twitter é um grande exemplo de um nome associativo; ele transmite um sentido do que o serviço faz e o sentimento do cliente ao utilizá-lo. O LinkedIn é associativo do principal benefício da utilização do seu serviço de rede. Google é uma variação de *googol*, que é o nome de um grande número (10^{100}) e projetado para associar o serviço com o enorme poder de seu motor de busca. A Virgin está associada a fazer algo pela primeira vez e é usada para reforçar a sensação de que ela sempre olha para uma oportunidade de mercado a partir de uma nova perspectiva e deliberadamente tenta desafiar o *status quo*. Os nomes associativos podem ser utilizados para perturbar as negociações em um mercado. Quando a

Hutchison Whampoa lançou sua marca Orange no mercado britânico de redes de telefonia móvel, era tão diferente de nomes como Cellnet e Vodafone que criou um enorme interesse. Nomes associativos são, muitas vezes, utilizados em medicamentos com venda sob prescrição nos quais, em teoria, os fabricantes são proibidos de comunicar a eficácia ou benefícios específicos. Viagra e Prozac são exemplos clássicos de nomes concebidos para criar, se não benefícios definitivos, então certamente associações positivas.

O NOME ABSTRATO

A última das categorias é a dos nomes abstratos. Esses nomes são inteiramente inventados ou são acrônimos ou a fusão de nomes e sílabas. Exemplos famosos de nomes abstratos incluem Kodak e Xerox. Poucas pessoas se lembram de que a IBM já foi uma vez International Business Machines. McDonald's é apenas um sobrenome que passou a significar algo ao longo do tempo. A Tesco foi criada quando Jack Cohen comprou um carregamento de chá de Thomas Edward Stockwell. Ele fez novos rótulos usando as iniciais de Stockwell (TES) e as duas primeiras letras de seu próprio sobrenome (Co). Nomes abstratos são frequentemente usados para empresas holding corporativas ou quando empresas muito grandes são renomeadas, sendo o grupo de bebidas Diageo um bom exemplo. Nomes abstratos são, por definição, geralmente mais fáceis de criar e registrar, mas têm a desvantagem de exigir muita ajuda e apoio para estabelecê-los. Até agora, espera-se que seja evidente que o nome da marca deve ser abordado com cuidado e ponderação. O tempo gasto considerando esses fatores fará com que seu briefing de *naming* seja muito mais eficaz.

NAMING É EMOCIONAL

A terceira razão pela qual nomear a marca pode ser difícil é que, muitas vezes, pode tornar-se altamente emocional. Os proprietários de marcas e os clientes podem tornar-se apegados a elas, e isso pode tornar o processo de renomear altamente emotivo, especialmente nos casos em que os proprietários de marcas estão preocupados. Como o nome da marca, muitas vezes, torna-se sinônimo da própria marca, é dada enorme importância ao fato de se conseguir o nome "certo", mas com pouca compreensão de como a busca por um nome adequado pode ser dirigida. A grande lista das falhas de *naming* cometidas por executivos de alto nível também não ajuda a acalmar os nervos dos líderes empresariais inseguros. Muitos são assombrados pelas lembranças da crítica pública de nomes como Consignia ou Monday (novos nomes para a holding Royal Mail e uma consultoria de spin-off da PwC, respectivamente; nenhum dos nomes durou muito). Poucos apreciam o fato de que uma breve descrição clara do nome pode ajudar a evitar muitas das armadilhas. Sim, o processo de criação de uma grande marca ainda requer habilidade e criatividade, mas as chances de sucesso aumentam com um processo claro e um conjunto de critérios de avaliação.

NAMING PODE EXIGIR COMPREENSÃO LINGUÍSTICA E CULTURAL

A quarta e última razão pela qual a criação de uma marca é frequentemente mais difícil do que as pessoas imaginam é que o desenvolvimento de um nome é um processo de criação geralmente realizado em um contexto cultural mais amplo. Uma pequena empresa olhando para o comércio dentro de um único país tem indiscutivelmente mais facilidade do que um negócio muito maior à procura de um nome que pode ser usado globalmente. Não só um nome tem de ser capaz de ser registrado, como também funcionar de maneira eficaz em diversas culturas. Isso não significa necessariamente que um nome tenha de ser totalmente compreendido em todas as regiões do mundo (pode ainda funcionar como um identificador), mas idealmente deve evitar quaisquer conotações culturais ou linguísticas negativas. Há diversos exemplos famosos de como isso deu errado, e talvez um dos mais conhecidos tenha sido o lançamento do carro da GM, o Nova. Acontece que, em espanhol, *no va* significa "não vá", o que talvez não tenha ajudado nas vendas do carro nos países de língua espanhola, especialmente na América do Sul. Um nome automotivo que se saiu muito melhor foi o Ford Mondeo, um nome derivado do latim para "mundo", uma conotação muito melhor para o primeiro carro genuinamente global da Ford.

Não só os nomes globais precisam ser bem traduzidos, como também precisam ser sensíveis à transliteração. Um nome pode soar perfeitamente bem em uma cultura, mas parecer terrivelmente rude em outra. As marcas precisam pensar cuidadosamente sobre como seus nomes serão recebidos em diferentes culturas. Nora Knackers é um bom nome para uma marca de biscoitos se você está na Noruega, mas não no Reino Unido (onde *knackers* é usado como gíria para "testículos"). A Rolls-Royce pensou que *Silver Mist* tinha associações *premium* para o cliente britânico, mas *mist* é uma palavra de quatro letras muito diferente para um cliente alemão! (Em tradução livre, tem o significado da também palavra de quatro letras: "cocô"). Marcas ocidentais em lugares como o Oriente Médio ou Ásia irão ter versões duplas de seus nomes e na China, muitas vezes, é dado um nome completamente diferente do que o proprietário pretendia. Claro que, no fim, o nome será acompanhado pela identidade da marca (especialmente importante onde as taxas de alfabetização são baixas), e a ideia é criar um conjunto claro de identificadores, que distingam claramente sua marca aos olhos do cliente.

Isso dá aos nomes de marcas que se baseiam em um sobrenome ou em um conjunto de iniciais uma vantagem distinta. Talvez não seja assim tão surpreendente que muitas das marcas mais bem-sucedidas do mundo tenham nomes que derivam de indivíduos ou acrônimos. IBM, GE, McDonald's, BMW, Disney, Louis Vuitton, Honda, SAP, H&M, Zara, UPS, JP Morgan: todos aparecem no top trinta das Melhores Marcas Globais da Interbrand 2017. Qualquer pessoa que esteja embarcando na criação de uma marca global faria bem em garantir que os responsáveis pelo desenvolvimento dos nomes sejam bons linguistas ou pessoas com acesso a uma rede relevante de pessoas que possam dar feedback sobre a relevância e adequação de qualquer nome proposto.

AS VANTAGENS DE UM PROCESSO CLARO

Os melhores processos de nomeação são aqueles que começam com a suposição de que é improvável que sejam simples e diretos. Profissionais precisam trazer uma mistura de habilidades estratégicas, criativas, legais e comerciais para a mesa. Tome o tempo necessário para desenvolver uma longa lista de nomes, aceite que vai perder alguns de seus favoritos ao longo do caminho, compare seus nomes preferidos com sua estratégia e reconheça que mesmo o nome de que você mais gosta pode trazer problemas. O pragmatismo comercial e a compreensão de que nada está totalmente isento de risco são uma parte importante da obtenção de um bom resultado.

Criar uma marca pode parecer fácil e, às vezes, pode ser. É pouco provável que o pequeno comerciante ou empresário iniciante se irrite demais com o processo e é possível que só se preocupe com o registro da marca muito mais tarde. Para a maioria dos outros negócios, no entanto, o processo de desenvolvimento do nome precisa ser abordado com mais cuidado. Há muito a ganhar ao compreender se um novo nome é realmente necessário e depois, se for, onde irá aparecer e como será usado. Uma vez que o profissional esteja certo sobre isso, ele pode identificar a categoria de nome que ele acha que será mais útil e escrever uma breve descrição clara do nome. O processo terá então de ser cuidadosamente gerido, com a verificação da disponibilidade legal e da adequação cultural e linguística dos nomes potenciais — faça isso corretamente e será possível despender tempo criando nomes interessantes e passíveis de proteção.

Prossiga com cautela. Há mais em um nome do que parece à primeira vista.

LEITURA ADICIONAL

"Best Global Brands 2017". Disponível em: <http://interbrand.com/best-brands/best-global-brands/2017/ranking>.

MITO 18

AS MARCAS SÃO APENAS BENS DE CONSUMO

Uma marca é o que seu nome representa na mente de seu cliente, de seu funcionário e de qualquer outra pessoa cuja opinião sobre você conta. E isso é verdade, seja o que for que venda.

Em 1996, a Interbrand publicou um livro chamado *The World's Greatest Brands*. Parece extraordinário agora, mas, naquela época, causou controvérsia. A controvérsia não era apenas sobre se o McDonald's era realmente a maior marca no mundo, até maior do que a Coca-Cola, que para muitas pessoas era o epítome óbvio de uma marca global e que tinha uma herança mais longa e maior distribuição do que os arcos dourados. A controvérsia também aconteceu porque algumas pessoas não achavam que o McDonald's era uma marca. Na verdade, alguns pesquisadores de mercado nos disseram que o McDonald's não poderia ser uma marca porque não era um produto. Na verdade, isso não era tão idiota quanto parece agora. Na época, o conceito popular de marcas entre a comunidade de marketing e negócios era de que as marcas eram produtos embalados.

UMA MARCA ERA UM PRODUTO NA PRATELEIRA — NADA MAIS

A menos que você tivesse entrado em uma loja e pudesse escolher entre dois produtos de marca concorrentes da mesma categoria lado a lado em uma prateleira, com o mesmo preço ou um preço semelhante, você não poderia estar fazendo uma escolha de marca. Você pode estar fazendo escolhas com base em outros atributos associados ao nome da marca — o fato de que você quer um tipo específico de hambúrguer, de que ele está em uma embalagem conveniente em uma loja bem localizada, ou que ele oferece um alimento de valor acessível para a família. Porém, esses não eram considerados diferenciadores de marca. Eram questões de escolha do cliente, mas não parecia que eram questões de diferenciação da marca. Essa foi a lógica para tudo o que não foi concebido, fabricado ou produzido. Bancos, companhias aéreas, supermercados. Eram todas empresas. O McDonald's era uma empresa. E as empresas tinham identidades corporativas, enquanto os produtos tinham identidades de marca.

As dez maiores marcas globais identificadas pela Interbrand em 1996 foram:

1 McDonald's
2 Coca-Cola
3 Disney
4 Kodak
5 Sony
6 Gillette
7 Mercedes-Benz
8 Levi's
9 Microsoft
10 Marlboro

Compare com a lista deles em 2016:

1 Apple (18° em 1996)
2 Google (não existia em 1996)
3 Coca-Cola (mostrando a força duradoura de uma marca bem gerida)
4 Microsoft (subiu cinco colocações em vinte anos)
5 Toyota (subiu da 31° colocação)
6 IBM (subiu da 11°)
7 Samsung (dividia a 96° colocação com a Gordon's Gin em 1996)
8 Amazon (foi inaugurada em 1996)
9 Mercedes-Benz (caiu apenas duas colocações em vinte anos)
10 GE (que nem sequer apareceu em 1996 porque era proprietária de tantas marcas independentes que o pessoal da Interbrand não conseguia atribuir-lhe um valor como marca corporativa)

Além disso, e durante muitos anos, a lei parecia fazer essa diferenciação de forma semelhante. As marcas eram aplicadas a produtos e mercadorias. Nomes de varejistas como o McDonald's receberam o estatuto de "marca de serviço" nos Estados Unidos. E isso aconteceu muito tempo depois de as marcas terem sido legalmente concebidas.

Os varejistas também distinguiram seu "nome corporativo" de seus produtos de marca. Alguns criaram marcas autônomas para aplicar aos seus próprios produtos, por exemplo a M&S criou a marca St. Michael para aplicar a uma série de produtos (desde alimentos a vestuário) que só eram vendidos em suas lojas, em parte para resolver esse problema de percepção de que os produtos eram muito diferentes do serviço da loja em que eram vendidos. Outros chamavam os produtos que adquiriam diretamente e punham seu nome no rótulo como "rótulo próprio". Mais uma vez, isso implicava que existiam produtos "de marca", fabricados por proprietários de marcas, e produtos "sem marca" fornecidos por varejistas.

Esses produtos com rótulo próprio eram tipicamente mais baratos e considerados de qualidade inferior. Na verdade, eles eram, muitas vezes, feitos ou comprados das mesmas fábricas que eram propriedade dos que vendiam os produtos de marca ou que forneciam para elas. O jornal *The Sun* relatou em 2017 que a marca de cereais para café da manhã Weetabix competia em supermercados com cereais de rótulo próprio dos varejistas que foram produzidos pela própria Weetabix. Revelou igualmente que outras marcas, como a McVitie's, Müller, Patak's e Andrex, produzem igualmente produtos sem marca para supermercados.

Esses fabricantes proprietários de marcas podem fazer isso porque frequentemente têm disponibilidade em suas linhas de produção, cada vez mais eficientes.

AS BATALHAS DA MARCA PRÓPRIA DOS SUPERMERCADOS

Então, em meados da década de 1990, as guerras entre a marca e o varejista começaram. E de repente o poder da marca do varejista foi visto e compreendido.

A batalha começou no Reino Unido (e foi vista em outros lugares) quando varejistas como Tesco e Sainsbury's começaram a imitar em suas próprias embalagens o design e os detalhes gráficos das marcas líderes de produtos de grande consumo. A Sainsbury's começou a produzir seu próprio rótulo de café *premium* chamado Gold, com embalagem dourada e um rótulo com imagens de grãos de café, no geral com um aspecto muito semelhante ao do café instantâneo *premium* da Nestlé, o Nescafé Gold Blend. E a Sainsbury's ainda vendeu seu café em um uma embalagem com o mesmo formato. A grande diferença estava no preço, claro. Os varejistas poderiam vender seu produto com um aspecto semelhante e um preço muito inferior ao da marca líder. Uma enorme disputa irrompeu entre os proprietários de marca e os varejistas, o que se tornou ainda mais complicado quando a Virgin entrou no mercado de refrigerantes com um produto (produzido pela Coty) embalado em uma lata vermelha com "Virgin Cola" escrito em letras brancas. A Coca-Cola se opôs. A batalha marca *versus* marca própria já era bastante complicada devido à interdependência dos dois protagonistas. A Nestlé precisava que os varejistas estocassem e vendessem seus produtos, os varejistas precisavam não só das vendas que marcas como a Nescafé geravam, mas também do ponto de referências que essas marcas constituíam, a partir do qual podiam desenvolver seus próprios rótulos.

No fim, chegou-se a um acordo. A Nestlé produziu embalagens com um formato mais distinto para seus produtos. A forma do frasco de vidro, por exemplo, foi alterada para um desenho exclusivo e, portanto, mais protegido legalmente. A Sainsbury's e outros varejistas que não podiam investir em formatos de embalagem altamente personalizados, nem queriam continuar a lutar contra seus fornecedores, concordaram em garantir que respeitariam os direitos de propriedade intelectual dos proprietários das marcas.

Dois legados duradouros emergiram dessa batalha. Um deles foi o British Brands Group, originalmente criado para ajudar a pressionar a legislação para se proteger contra plágios, ao processar os varejistas. Agora, ele faz lobby para um entendimento mais amplo da importância e contribuição das marcas para a economia britânica. O outro, e ainda mais importante legado, foi um foco real na inovação e na diferenciação de ambos os lados. Isso continua até os dias de hoje para diferenciar e distinguir o valor relativo das ofertas aos consumidores.

O que a batalha marca versus marca própria destacou foi a mudança nas percepções de quem ou o que era realmente uma marca. As marcas ainda eram consumidas como produtos, mas na mente dos consumidores ficou claro que estavam associadas a um conjunto de valores de confiança, que podiam ser transferidos de uma área para outra. No caso da Sainsbury's, a credibilidade de sua marca como varejista de alimentos permitiu-lhe vender seus próprios mantimentos. Para a Virgin, seus valores de diversão e enfrentamento dos gigantes do mercado, que foram construídos por meio de suas lojas de discos e companhias aéreas, poderiam ser aplicados — com sucesso reconhecidamente limitado — à categoria de refrigerantes.

Na verdade, Sainsbury's, Tesco e similares foram ainda mais longe. Eles perceberam que o que suas marcas representavam não era um tipo específico de negócio chamado *supermarketing*, mas valores abstratos e muito apreciados de conveniência, preços competitivos, qualidade e serviço. Isso lhes deu autoridade para desafiar outros mercados nos quais os proprietários de marcas já estabelecidos eram vulneráveis. A Tesco entrou nos serviços financeiros e tanto a Tesco como a Sainsbury's, entre outras, começaram a vender gasolina de marca própria nas proximidades de suas maiores superlojas e mais tarde em postos de abastecimento próprios, aos quais foram anexadas minilojas com sua marca, como a Tesco Express.

Assim, em meados da década de 1990, uma grande mudança na compreensão de marcas e branding estava acontecendo e nossos amigos pesquisadores logo teriam que reavaliar sua opinião de que o McDonald's não era uma marca.

QUALQUER COISA PODE SER UMA MARCA

Não eram apenas os varejistas que já tinham aprendido a se considerar como marcas e a operar com o mesmo tipo de processos disciplinados e a pensar como proprietários de marcas tradicionais de FMCG. Todos os outros tipos de categorias têm a pulguinha da marca.

Os bancos começaram a se redefinir e a modificar suas marcas. Afastando-se de uma orientação de produto ou marketing, criando subdivisões ou novos serviços financeiros com nomes distintos, começaram a concentrar uma atenção maior na marca "corporativa" e tentaram simplificar tudo sob uma única promessa ou proposta. O Barclays redesenhou sua famosa águia, melhorou e renovou suas filiais, substituiu nomes de contas existentes e reformulou algumas de suas filiais sob uma identidade de marca global. O HSBC fez a mesma coisa numa escala ainda maior. Você se lembra da marca do banco Midland? Ele se autorreferia como "o banco que escuta você" e usava na publicidade um grifo animado e gentil dublado pelo popular ator Richard Briers. Bem, isso tudo ficou para trás e ele se tornou o HSBC. Até hoje, você vai encontrar publicidade altamente sofisticada para o HSBC em lugares como aeroportos, associando-o com valores emocionais e aspiracionais (como qualquer marca de consumo tradicional tem feito por anos) e posicioná-lo como o banco global da nação.

As companhias aéreas reformularam igualmente todo seu portfólio de empresas aéreas subsidiadas. A British Airways colocava em tudo o que podia sua nova marca, conhecida como "*speedmark*" e redesenhou seu logotipo. Até que se deparou com uma pequena turbulência, em 1997, quando se reposicionou como "Cidadão do Mundo" em vez de uma companhia aérea nacional. Para expressar esse posicionamento, usou com ousadia um conjunto diversificado de obras de arte multiculturais na cauda de seus aviões para refletir as rotas em que operava. Isso causou muita controvérsia, e inclusive um famoso incidente, quando a então primeira-ministra Margaret Thatcher cobriu o desenho em um pequeno modelo de avião com um lenço. Finalmente, a British Airways adotou um único desenho baseado na bandeira do Reino Unido para as caudas de todos seus aviões, as coisas se acalmaram e a marca British Airways global tem sido consistente nos últimos vinte anos.

A tecnologia e as telecomunicações também se tornaram marcas. Quando a Apple lançou seu icônico anúncio de 1984 no evento Superbowl daquele ano, anunciou uma mudança completa nos tipos de coisas que as pessoas veriam como marcas de consumo. Até então, os computadores eram, em grande parte, apenas para grandes empresas, governos ou instituições educacionais. Em 1977, o CEO da DEC (uma das maiores empresas de informática dos Estados Unidos) afirmou que não haveria necessidade de alguém ter um computador em casa. No mesmo ano, Steve Jobs confiantemente previu que sua empresa ajudaria a colocar um computador na casa de todos ao redor do mundo. Uma vez que o custo de hardware e software de computador começou a cair e o design e a interface de usuário se tornaram mais intuitivos, de repente as pessoas não só podiam se dar ao luxo de comprar seu próprio computador, elas exigiam um. Um mercado consumidor crescente se desenvolveu e, como qualquer outro mercado voltado para o consumidor, teve concorrência — e onde há concorrência, há marcas competindo por nossa atenção.

Como sabemos, a observação mais inteligente de Steve Jobs foi que ele percebeu não somente para que servem os computadores, mas o que a computação poderia fazer. Em um discurso em 1983 para uma pequena plateia na Califórnia, ele falou sobre um futuro no qual as pessoas andariam por aí ouvindo música em pequenos computadores, assistindo a programas de TV, comunicando-se com outras pessoas. Ele via a computação como um meio para libertar, educar e entreter. Ele viu o pensamento liderado pelo design — design gráfico, industrial, de software e design de serviços — todo desenvolvido a partir do ponto da experiência que o usuário final mais apreciaria — como uma parte profunda do DNA da marca Apple. Ao seguir implacavelmente os princípios do design, do consumidor e da marca, ele criou uma série de produtos e serviços inovadores que transformaram não apenas o que fazemos, mas o que queremos dizer quando dizemos "marca".

Os serviços públicos e as telecomunicações também se tornaram conscientes da marca. Após décadas de controle estatal e práticas, consequentemente, monopolistas, uma onda gigantesca de desregulamentação, privatização, comércio livre e de mercado aberto transformou setores como os de eletricidade, gás, água e telecomunicações em setores competitivos. As empresas privatizadas mudaram de marca para perderem sua antiga imagem de propriedade do Estado. Novos players com novas marcas brilhantes como a Orange e depois a EE, Octopus e Buzz entraram nesses mercados à medida que se desenvolveram e cresceram. A Virgin apresenta seus serviços de banda larga, telefonia fixa e móvel, mesmo que não esteja mais vendendo refrigerante. As pessoas faziam escolhas de marca não só optando entre um conjunto comparável de serviços convenientes e tarifas de preços, mas também selecionando com base no que "pensavam e sentiam" sobre as ofertas de marca concorrentes.

Você poderia até ter marcas dentro das marcas, como a Intel Inside e a NutraSweet demonstraram.

AS MARCAS FORAM CONSTRUÍDAS MESMO ONDE NÃO HAVIA CONSUMIDORES

As marcas B2B também estavam se desenvolvendo. No início da década de 1990, Louis Gerstner assumiu a IBM e rapidamente identificou que ela era diversificada demais, tinha unidades de negócio que não criavam valor suficiente e algumas que não faziam sentido estratégico quando olhadas a partir do ponto de vista do que a IBM representava. Uma das ferramentas que usou como auxílio para agilizar o negócio global foi a avaliação da marca. A avaliação ajudou a identificar quais as partes do império IBM acrescentavam valor à marca e quais não. Claro que, por trás disso, estava seu entendimento do que a IBM significava — o que a marca representava. O propósito da IBM tem sido desenvolver tecnologias de informação que ajudam a humanidade. Em sua busca por ideias mais inteligentes para um planeta mais inteligente, ela tem constantemente evoluído sua oferta. Thomas Watson, seu lendário presidente que cunhou esse propósito em 1915, não reconheceria os tipos de coisas que a empresa faz agora, mas certamente reconheceria o que a IBM representa.

As marcas B2B são diversas. Ande por aeroportos ou estações ferroviárias, folheie revistas ou jornais e verá publicidade para empresas como a SAP ou a Accenture. O consumidor médio nunca encarregará a Accenture de implementar uma estratégia de TI para sua casa, então por que essas empresas anunciam tão publicamente? É a construção da marca. Eles querem que seus clientes, CEOs, CFOs e CTOs sejam constantemente lembrados de sua força, capacidade de confiança e escala.

As marcas tornaram-se importantes mesmo em setores que não ganhavam dinheiro. As instituições de caridade começaram a entender que estavam em um mercado altamente competitivo — na verdade, um dos mais competitivos que existe, o da consciência humana. Elas tiveram de lutar por *awareness* e relevância emocional para garantir que as pessoas estivessem preparadas para lhes dar o dinheiro necessário para seus bons trabalhos. A Oxfam passou por um grande exercício de *rebranding* global, unindo todas suas várias organizações subsidiárias e afiliadas em diferentes países (que muitas vezes tinham nomes e logotipos diferentes) sob um único nome, Oxfam, e um novo logotipo altamente distintivo que poderia ser reconhecido em qualquer lugar do mundo como um símbolo, mesmo onde as letras do alfabeto latino da Oxfam eram incompreensíveis.

A WWF também se concentrou em uma marca global com campanhas globais criativas, como sua anual Hora do Planeta, em que as pessoas são encorajadas a desligar a eletricidade por uma hora para ilustrar a quantidade de energia que estamos consumindo e a consequente pressão que estamos colocando sobre os recursos do nosso planeta.

A Copa do Mundo se tornou a Copa do Mundo FIFA, e uma versão estilizada do troféu da Copa (um dos troféus mais reconhecidos do mundo) foi incorporada em cada logotipo a cada quatro anos. Radiodifusoras como a CNN, a Sky e a BBC chamaram a atenção para suas marcas à medida que a batalha entre a televisão terrestre e via satélite se transformou em uma batalha em solo digital.

ALGUMAS MARCAS NÃO FAZEM NADA

O mundo digital produziu marcas que não fazem nada. Nem sequer seus próprios programas. Facebook e YouTube essencialmente fazem uma curadoria de conteúdo (na melhor das hipóteses), mas principalmente apenas hospedam conteúdo produzido por pessoas como você e eu ou são fonte de conteúdo que é de interesse geral. No entanto, ainda são marcas.

O que todas essas marcas, em qualquer categoria que você mencione, entenderam foi que precisavam refletir uma personalidade; um senso de identidade acima da função principal de suas operações ou da exigência legal de uma marca. Uma personalidade de marca, seja séria e tranquilizadora como uma IBM ou envolvente e divertida como o Facebook, é fundamental para a preferência pela marca.

Como a personalidade da marca se tornou central para o valor percebido dela, seria apenas uma questão de tempo antes que uma personalidade se tornasse uma marca.

A ASCENSÃO DA PESSOA COMO MARCA

Personalidades famosas são usadas há muito tempo para conferir seu carisma particular ou credibilidade a uma marca. John Wayne costumava fazer propaganda dos cigarros Chesterfield muitos anos antes de sua morte por câncer no pulmão. Paul Newman desenvolveu sua própria marca de molhos para saladas. Estrelas e astros pop e do esporte, de George Best até O. J. Simpson, fizeram propagandas de sua própria variedade de produtos.

Em 1993, o astro pop Prince usou branding para fazer uma declaração pública e profissional dramática. Ele mudou de marca. Deixou o nome Prince e adotou um dispositivo gráfico sem letras: ⚥, o "Símbolo do Amor". Sua decisão de *rebrand* ocorreu em resposta a uma longa disputa contratual com seu selo Warner Brothers e também a sua crença de que estava sendo limitado comercial e criativamente. Frustrado com isso, tinha escrito a palavra "escravo" em seu rosto. Ao rejeitar a marca Prince, ele não só se libertou das correntes metafóricas, como também das restrições contratuais e comerciais. O contrato com a Warner Brothers era com o Prince. ⚥ não foi contratado por ninguém.

Era um uso inteligente das ferramentas do marketing comercial moderno contra os marqueteiros modernos. Mas tudo isso foi apenas um aquecimento para o grande avanço no fenômeno moderno da personalidade como marca.

Em 1996, no mesmo ano em que a Interbrand afirmou que o McDonald's não apenas era uma marca, mas a maior do mundo, uma futura marca global única chamou a atenção do público.

Em uma partida de futebol da Premier League inglesa entre Wimbledon e Manchester United, um meio-campista relativamente pouco conhecido do Manchester marcou um gol extraordinário da linha de meio-campo. Foi um ato espantoso de estilo e habilidade. Capturado por câmeras de TV, o lance foi mostrado inúmeras vezes ao redor do mundo. Foi o momento que lançou a marca Beckham.

"Eu não poderia saber, mas aquele momento foi o início de tudo: a atenção, a cobertura da imprensa, a fama", escreveu David Beckham em sua autobiografia, *My Side*. "Quando meu pé chutou aquela bola, abriu a porta para o resto da minha vida."

O FENÔMENO DA MARCA BECKHAM

David Beckham obteve um sucesso incrível dentro e fora de campo. Uma vez ele liderou uma lista dos cinquenta jogadores mais ricos do mundo, de acordo com um índice que analisava o patrimônio líquido, levando em consideração salários, patrocínios e ativos, além de interesses comerciais externos. Ele foi seguido de perto por Lionel Messi, Cristiano Ronaldo e Zlatan Ibrahimovic. Os jogadores mais ricos, de acordo com o Goal.com, tinham uma riqueza combinada de mais de 1.7 bilhão de libras, que era maior do que o PIB da Libéria. O Goal.com estima que a riqueza líquida da Beckham é agora de quatrocentos milhões de dólares.

Beckham tornou-se um sinônimo para um novo tipo de marca no século XXI — uma marca de personalidade autêntica que pode vender diferentes tipos de produtos para qualquer pessoa, em qualquer lugar do mundo, por causa do que ele faz e quem ele é. Ele não é uma marca de produto com um apelo fabricado que é divulgado incansavelmente ao mesmo público-alvo globalmente.

O livro *Brand It Like Beckham* mostra como a marca Beckham foi desenvolvida seguindo de maneira eficaz as melhores práticas e princípios de qualquer grande marca internacional: um conjunto claro de valores e imagem, proteção adequada da marca, planejamento a longo prazo, divulgação e expansão. A Adidas e outras marcas escolheriam celebridades que correspondessem aos valores de sua marca e à autoimagem desejada de seus consumidores para endossar seus produtos. Os Beckham — porque não se trata apenas de David, mas também de Victoria e talvez até de alguns ou de todos os seus filhos — fizeram a mesma coisa, só que ao contrário. Eles têm sido muito claros sobre o que querem defender e depois escolheram parceiros comerciais que refletem seus valores e imagem.

Existem razões específicas para o sucesso da marca.

1. Sua dedicação ao futebol

O futebol é o maior esporte do mundo e não mostra sinais de declínio. De Seattle a Xangai, as pessoas consomem futebol avidamente, na TV, on-line, no celular, no estádio, no bar, nos jornais, nas lojas e nas casas de apostas. Se Beckham fosse um jogador de basquete, abençoado com um talento e charme semelhantes, é improvável que fosse tão conhecido no mundo todo.

Sua dedicação permanente a jogar futebol no mais alto nível encantou as pessoas. Vinte e um anos depois de estrear pelo Manchester United, ele estava jogando no Paris St. Germain, na Liga dos Campeões da UEFA. Beckham é único por ter jogado em quatro dos cinco principais campeonatos europeus, com os maiores clubes de cada um, e ele conquistou todos os títulos de destaque dos clubes seniores. E essa lista de conquistas não inclui sequer a aventura nos Estados Unidos, onde ele ajudou a elevar o perfil do esporte.

Ele tinha 37 anos e ainda jogava no nível mais alto quando liderou a lista dos mais ricos. Não se pode fingir esse nível de dedicação e longevidade. As pessoas o reconhecem e a grande maioria o admira. As melhores marcas são baseadas em alguma qualidade de produto genuína, e isso é verdade no amor de Beckham pelo futebol. Ele manteve sua decisão — como previsto em seu contrato com o LA Galaxy, em 2007 — de desenvolver uma franquia MLS, o campeonato masculino de futebol, em Miami.

2. O apelo de sua personalidade para além do futebol

Ele é talvez o único jogador de futebol que poderia dizer ser "de casa" em qualquer lugar do mundo, mesmo em lugares onde ninguém gosta de futebol. Ele é bonito e tem sensibilidade natural para o design, o que o torna incrivelmente fotogênico em uma época que é mais visual quanto ao consumo de mídia do que nunca e que é obcecada por estilo, glamour e celebridade.

Ao mesmo tempo, paradoxalmente para alguém tão famoso, ele é humilde e tem "os pés no chão" — sua maneira de falar é tranquila, ele respeita os outros, gosta de prazeres simples como "torta e purê" (um prato popular no leste de Londres, onde ele nasceu) e nunca pareceu perder suas raízes. Isso é importante para as pessoas que gostam de ver autenticidade, e não arrogância, em seus heróis.

Fora do futebol, a marca Beckham é reforçada pela carreira da esposa. A marca é composta por Victoria e David. Victoria, já estrela pop com as Spice Girls (outra marca), teve uma segunda carreira de sucesso com seus produtos de moda. Os dois apresentam uma oferta complementar "dele e dela" em produtos como perfumes. Isso ajuda a dar quase ubiquidade ao nome Beckham, que ajuda a manter a marca na ponta da língua.

A forma como a marca Beckham se estendeu para além da carreira futebolística de David é um grande exemplo para qualquer gestor de marca que pretenda estendê-la. A marca Beckham é "consumida" de uma forma ou de outra por quase todas as definições demográficas concebíveis (idade, etnia, nível socioeconômico ou orientação sexual — quase todos parecem gostar de Beckham).

3. Seu profissionalismo na gestão de seu negócio

David e Victoria Beckham possuem uma série complexa de direitos legais sobre seus nomes e imagens, que são devidamente protegidos e podem ser explorados comercialmente. Esses direitos são propriedade intelectual, tais como marcas registradas, direitos de autor, de imagem etc. São geridos por meio de uma sociedade — ou, no seu caso, de uma série de sociedades — para diferentes fins. Enormes empresas internacionais (Adidas, Armani etc.) querem utilizar sua imagem para fins de apoio, patrocínios, licenças etc., em setores tão diversos quanto vestuário e suplementos alimentares. É uma situação jurídica altamente complexa, com diferentes direitos legais aplicáveis em diferentes países. É necessária uma gestão profissional. Depois há os produtos e serviços e outros projetos que os Beckham criam, possuem e gerenciam diretamente, por exemplo, os produtos de moda Victoria e as fragrâncias Beckham.

Um aspecto único para os Beckham é o quão espertos eles têm sido em ouvir bons conselhos para proteger e aumentar seu negócio de marca. Eles montaram uma equipe forte ao seu redor, que claramente entende as complexas questões comerciais e jurídicas em torno de direitos de imagem, empreendimentos comerciais e construção de marcas internacionalmente, de modo que suas negociações sejam lucrativas e protejam adequadamente sua imagem.

Sua reputação e os direitos de seus consumidores são protegidos, impedindo a venda de produtos com o nome ou a imagem de Beckham quando não houver autorização.

Um exemplo dessa astúcia foi a nomeação da 19 (XIX) para ser sua parceira no desenvolvimento da marca Beckham, além de seu produto principal de futebol e música popular. Simon Fuller, que fundou a 19, conheceu Victoria na época das Spice Girls, por isso ele era alguém em quem podiam confiar tanto no nível pessoal como no profissional.

Lidar com as questões anteriormente referidas (direitos de imagem e a variedade de atividades em que estão envolvidos), bem como com o aquário midiático em que vivem 24 horas por dia, exige competências e experiências que o agente de futebol médio simplesmente não teria. O mundo é fascinado pelo fenômeno Beckham, e a mídia global nunca se cansa. Seria impossível lidar com esse nível de atenção sem uma ajuda altamente experiente. Também é fácil esquecer que os Beckham são pessoas com quatro filhos, amigos e parentes. Manter alguma aparência de normalidade no mundo altamente exposto em que vivem requer ajuda profissional. Você precisa de uma boa equipe a sua volta. Isso significa que tem que ser capaz de julgar, nomear e aceitar o conselho de uma boa equipe. E a coisa mais inteligente que as pessoas inteligentes fazem é saber como seguir um conselho inteligente.

4. Sua compreensão da "coisa certa a fazer"

Beckham tem demonstrado repetidamente a capacidade de fazer escolhas de vanguarda que constroem uma história consistente, mas sempre envolvente, que capta a imaginação das pessoas. Uma parte crucial dessa história é seu — e de sua esposa — desejo de retribuir ao mundo. Ele tem ido além das doações para caridade, além até da criação de fundações. Ele se tornou um embaixador para causas e assuntos que o preocupam e que são congruentes com a percepção que as pessoas têm dele.

O esporte e as crianças são muito importantes para ele, por isso não é nenhuma surpresa que não só tenha ajudado a vencer a candidatura de

Londres à sede dos Jogos Olímpicos, mas também tenha desempenhado um papel de destaque na cerimônia de abertura. Quando se juntou ao Paris St Germain, consciente das graves dificuldades econômicas que a França e toda a zona do euro enfrentavam, renunciou a todas as receitas de seus direitos de imagem e doou seu salário, estimado em 3,5 milhões de euros, à caridade. Por cinco meses daquele ano, ele não ganhou nada por jogar futebol pela primeira vez desde que assinou como aprendiz no Manchester United. Foi uma ação extraordinária que lhe valeu elogios de muitas pessoas. Somos, muitas vezes, encorajados a ser céticos em relação à motivação de qualquer pessoa aos olhos do público. Estamos especialmente condicionados a ter consciência do marketing *spin* e das ações de relações públicas. No entanto, as pessoas veem David Beckham como um cara honesto, que gosta de retribuir.

Aqui está uma história para demonstrar esse ponto. Recentemente, eu (Andy) estava esperando para falar sobre Beckham em um programa de TV no Reino Unido. Eu tinha de passar maquiagem, como a maioria dos convidados faz, para diminuir o brilho das luzes do estúdio na pele. A maquiadora que cuidava de mim estava provavelmente na casa dos cinquenta e poucos anos, talvez no início dos sessenta. Ela me perguntou sobre o que eu ia falar no programa, e eu disse que seria sobre David Beckham. Ela respondeu: "Ah, eu gosto dele. Ele é bom no que faz e faz coisas boas." Suas palavras são como um bom resumo de por que Beckham é tão popular como uma marca. Ele faz o que muitas marcas desejam poder fazer e o que as melhores fazem: permanece fiel a sua promessa, apresenta sua oferta apropriadamente, faz investimentos sensatos, interage com os fãs e continua a ser rentável.

Como dissemos no Capítulo 6, as marcas têm valor econômico não só no sentido de criarem valor para si próprias, mas também de beneficiarem uma economia mais abrangente. A economia da marca Beckham:

- Ganha dinheiro diretamente com salários, bônus, direitos de imagem, patrocínios, taxas de licença, direitos de imagem, venda de mercadorias, venda de ingressos etc.

- Ganha dinheiro diretamente para os clubes, patrocinadores, parceiros comerciais oficiais, agentes, funcionários, empresas de entretenimento.
- Ganha dinheiro indiretamente para veículos de comunicação, federações de futebol, meios de comunicação social, anunciantes, produtoras, editoras.
- Ajuda a economia em geral inspirando a atividade econômica por meio da franquia MLS, categorias de base e ajuda através da ONU e instituições beneficentes.

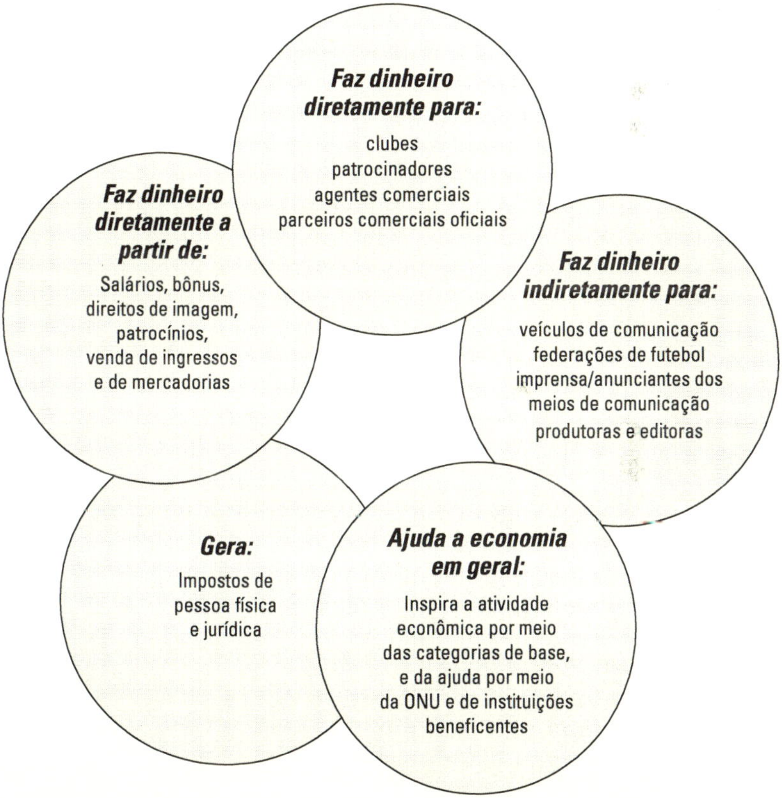

Figura 18.1 ***Bola de ouro: como a marca Beckham criou valor***

FONTE: Adaptada de *Brand It Like Beckham* por Andy Milligan (Marshall Cavendish, 2004).

Muitas marcas poderiam fazer muito pior do que aprender com ele.

O que todas essas marcas têm em comum — sejam elas um produto ou uma personalidade, uma plataforma de conteúdo ou um serviço corporativo — são os critérios essenciais para ser uma marca de sucesso:

- Em primeiro lugar e fundamentalmente, são todas marcas registradas. Você simplesmente não pode ser uma marca significativa se não for uma marca registrada. BMW é. Beckham é.
- Você precisa estar em um mercado funcional, crescente e competitivo. A British Telecom era o nome de um monopólio estatal; a BT tornou-se uma marca em um mercado aberto e desregulamentado. Até os Beckham competem pela atenção com outras celebridades.
- Deve ter a capacidade de negociar continuamente. Isso pode parecer óbvio, mas vale a pena reforçar. As marcas morrem quando já não são relevantes e, portanto, as pessoas já não as compram. Em 1996, a Interbrand colocou a Kodak em seu top dez. Onde ela está agora?

Contudo, ainda persiste o mito de que as marcas são bens embalados. Um publicitário nos disse recentemente: "Vocês usam o termo 'marca' como ninguém; para todos os outros, marca significa produtos que compram nas prateleiras".

Argumentamos que, na verdade, usamos a marca como qualquer outra pessoa. Marca é o que seu nome representa na mente do seu cliente, do seu funcionário e de qualquer outra pessoa cuja opinião sobre você conta. E isso é verdade, seja o que for que venda.

LEITURA ADICIONAL

Andy Milligan. *Brand It Like Beckham*. Marshall Cavendish, 2010.

MITO 19

AS MARCAS TÊM A VER APENAS COM O QUE ACONTECE DO LADO DE FORA

Nesta era de branding total, pouca distinção deve ser feita entre funcionários e clientes.

É um mito comum em toda a comunidade empresarial que as marcas têm muito a ver com o que acontece no exterior de um negócio, e não muito com o que acontece internamente. Isso é profundamente errado. As marcas têm tudo a ver com o que acontece dentro de uma empresa.

MARCAS SÃO MUITO MAIS DO QUE APARÊNCIAS

Muitas pessoas erroneamente assumem que uma marca é apenas o logotipo, a embalagem ou a publicidade e, consequentemente, estão inclinados a ver a marca apenas através da lente da aparência. Para essas pessoas, as marcas são o equivalente comercial de roupas ou vestuário. Se você quer que seu negócio seja bem recebido (diz a teoria), então a melhor coisa a se fazer é mudar a aparência do negócio e como ele age. Pensar dessa forma é interpretar erroneamente o que se entende por marca e, pior ainda, é fechar uma fonte poderosa de vantagem competitiva.

Grandes marcas tendem a gastar quase tanto tempo com seus funcionários quanto com seus clientes, e há uma boa razão para isso. Estudos têm demonstrado repetidamente que existe uma forte ligação entre funcionários motivados e engajados e bons resultados comerciais.

POR QUE VALE A PENA SE CONCENTRAR NO QUE ACONTECE DENTRO DA EMPRESA

O mais celebrado dos modelos que demonstram esse vínculo foi desenvolvido na Harvard Business School e é chamado de "The Service-Profit Chain". Esse modelo estabelece relações entre rentabilidade, fidelização e produtividade. Os elos da cadeia (que eles consideram semelhantes a proposições) funcionam assim:

O lucro e o crescimento são estimulados principalmente pela fidelização dos clientes. A lealdade é resultado direto da satisfação do consumidor. A satisfação é amplamente influenciada pelo valor dos serviços prestados. O valor é então criado por funcionários satisfeitos, leais e produtivos. A satisfação dos funcionários, por sua vez, resulta principalmente de serviços e políticas de apoio de alta qualidade que permitem aos funcionários entregar resultados melhores aos clientes.

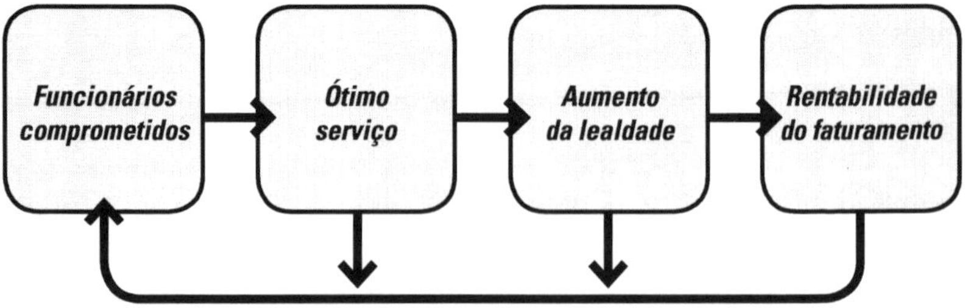

Figura 19.1 ***A ligação entre funcionários engajados e resultados melhores***

O que os acadêmicos de Harvard conseguiram quantificar é algo que, quando você para e pensa, faz todo sentido. A maneira como seus colaboradores se sentem em relação ao local onde trabalham tem uma grande influência na forma como agem, e isso tem uma grande influência na forma como os clientes se sentem. Se você realmente quer mudar sua métrica de lealdade do cliente, ou *Net Promoter Scores* (NPS), então comece a levar seus funcionários a sério.

A melhor maneira de construir uma marca que os clientes vão amar e admirar é começar por conquistar os corações e mentes de seus funcionários. As marcas que são celebradas por sua singularidade e elevados níveis de serviço ao cliente geralmente são empresas que veem seus funcionários como um fator essencial para a entrega da marca. Dê uma olhada em algumas das marcas globais de maior sucesso. Não é por acaso que marcas como Apple, Google, Coca-Cola, Facebook, IBM, GE, Disney, Nike e Ikea (para citar apenas algumas) são empresas nas quais a marca importa tanto externa como internamente.

MARCA E CULTURA ESTÃO INDISSOCIAVELMENTE LIGADAS

As melhores marcas tendem a não fazer distinção entre "marca" e "cultura"; em negócios como Nike e Ikea, elas são o mesmo. Esse é um ponto importante porque, em muitas organizações, diferentes setores tendem a operar em seus próprios casulos. Assim, a marca passa a ser responsabilidade do departamento de marketing, a equipe de recursos humanos é responsável pela cultura e a equipe de atendimento ao cliente lidera a tentativa de melhorar a NPS. Nas organizações lideradas pela marca, a situação é muito diferente. O negócio tem um sentido claro do que está tentando alcançar e, como resultado, a marca é propriedade de todos. Em vez de tentar competir uns com os outros, diferentes setores colaboram para encontrar as formas como podem manifestar a marca dentro e fora do negócio.

AS MARCAS DIZEM RESPEITO À FORMA COMO VOCÊ FAZ NEGÓCIOS

Em um negócio liderado por uma marca, essa abordagem começa no topo. Empresas como a Apple e a Coca-Cola veem sua marca como o rosto da estratégia de negócio. Não existe uma separação arbitrária entre logística, processos e o funcionamento "bruto" e o ideal da marca — eles são vistos como indissociáveis. Nesse tipo de organização, uma apresentação aos investidores normalmente começa por delinear a marca ou propósito organizacional, em seguida, segue demonstrando como a estratégia irá ajudar o negócio a atingir esse objetivo e, enfim, demonstra como a marca será usada para implantar essa estratégia com os funcionários e clientes.

Além de uma declaração clara e inequívoca de sua intenção de marca, esses negócios tendem a operar de uma forma que é tanto rígida quanto flexível. Eles serão muito rígidos em alguns pontos essenciais da marca, *ethos* e valores etc., mas mais flexíveis quando se trata de como a marca é executada. Isso geralmente contrasta com a abordagem "flexível e rígida", geralmente em evidência em organizações menos esclarecidas. Essa situação acontece quando uma empresa é, na verdade, bastante flexível em relação ao que representa, mas incrivelmente rígida e controladora quando se trata de todos os aspectos da execução. Você conhece o tipo: ninguém dentro da empresa tem certeza do que está tentando alcançar, mas todos sabem que o maior pecado de todos é usar a versão errada do logo!

Temos visto líderes de empresas que professam se guiar pela marca com dificuldade até mesmo para recordar seus próprios valores de marca. Em um caso particular, um líder sênior admitiu que a razão pela qual não conseguia lembrar os valores era porque havia muitos deles para se lembrar. Se a liderança sênior de uma empresa multinacional não consegue se lembrar de seus valores organizacionais, seja porque eles são um pouco sem sentido ou há valores demais, então quão seriamente a marca está sendo encarada nos níveis mais baixos do negócio?

AS MARCAS AJUDAM A PROTEGER SEU NEGÓCIO E A ATRAIR TALENTOS

Em uma era em que as reputações são difíceis de conquistar e fáceis de perder, é vital que os funcionários tenham clareza sobre o tipo de comportamento que não é aceitável. Eles precisam saber o que a marca espera deles e como podem lidar com problemas internamente (sem medo de represálias) se virem algo ilegal, imoral ou inadequado. Um conjunto claro e compreensível de valores da marca pode ajudar uma organização a ancorar os comportamentos que procura.

Uma empresa liderada por uma marca normalmente também irá investir pesado em processos de recrutamento de alta qualidade e gastará tempo treinando seus novos funcionários. A ênfase será colocada não apenas no que o negócio faz, mas no porquê e como o faz. As melhores marcas não procuram uniformidade entre seu pessoal: procuram incutir a noção de liberdade dentro de uma estrutura. Não é por acaso que um candidato à procura de emprego na Goldman Sachs é suscetível de ser entrevistado seis ou sete vezes antes de ser contratado. Ou que o Pret A Manger dê aos atendentes de loja a última palavra sobre quem se junta à sua equipe. As empresas lideradas pela marca sabem que obter e treinar o tipo certo de talento é fundamental para o alto desempenho. Essas empresas procurarão igualmente assegurar que a experiência dos trabalhadores seja de primeira classe e que eles sejam continuamente formados e apoiados de modo a poderem ser as melhores versões de si próprios.

COMO AS MARCAS PODEM CONQUISTAR CORAÇÕES E MENTES

Muitas vezes, as pessoas acreditam erroneamente que a boa vontade dos funcionários pode ser comprada simplesmente dando coisas boas. Nenhuma quantidade de férias compradas de volta ou café grátis vai compensar ser mal gerido ou maltratado. Ganhar corações e mentes significa:

- Estabelecer um propósito ou objetivo claro e motivador para sua marca, articulando o "porquê", bem como o "quê" e o "como". Como apontamos no Capítulo 11, um propósito de marca não é o mesmo que responsabilidade social corporativa (RSC). É a articulação autêntica do que é mais importante para seus clientes e colaboradores. O propósito do Premier Inn é simplesmente: "Fazer nossos clientes se sentirem incríveis". E isso é feito por meio de uma proposta que visa dar aos clientes "uma incrível noite de sono". Ninguém dentro do Premier Inn tem dúvidas sobre o que eles estão tentando alcançar.
- Desenvolver uma experiência de funcionário liderada pela marca que, tomada como um todo, demonstre o valor atribuído aos funcionários. Isso inclui o desenvolvimento de algumas características internas que refletem a intenção da marca, por exemplo maneiras de dar feedback, oportunidades para desenvolver novas habilidades, maneiras de receber e acolher novos funcionários. Em última análise, porém, a experiência do empregado é definida pela qualidade da gestão. Não se trata tanto de estilo (pois isso pode variar enormemente), porém mais de intenção, decência e apoio. A Southwest Airlines é mundialmente famosa pela qualidade de seu serviço ao cliente. Porém, na Southwest, também se reconhece que o cliente nem sempre está certo. Se um cliente apresentar uma queixa desonesta ou se comportar de forma repreensível com um funcionário, a Southwest poderá "despedir" o cliente e mostrar apoio ao seu empregado. Isso ajuda a gerar lealdade nos funcionários.
- Dar suficiente liberdade e apoio aos funcionários para que eles sejam capazes de agir consistentemente em prol dos clientes. A Virgin é uma marca frequentemente celebrada pela qualidade de seu serviço ao cliente. Ela não faz bem porque tem necessariamente um treinamento melhor do que qualquer outra, mas porque os funcionários sabem que ela está ao lado do cliente e estão preparados e são incentivados a

ir além porque sabem que é isso que a marca esperaria deles. É por isso que, como dissemos em um capítulo anterior, a Virgin conseguiu transformar um cara preso em um banheiro em um de seus trens sem nenhum papel higiênico em uma vitória na mídia social.

O excelente serviço ao cliente vem de um instinto de funcionário — sabendo como responder a uma situação e depois tendo a coragem de agir porque sabe que tem o apoio da marca.

OS FUNCIONÁRIOS PODEM SER PODEROSOS EMBAIXADORES

As marcas esclarecidas também são obcecadas pelos clientes. Eles veem seus funcionários como embaixadores de sua organização e como um importante ponto de conexão com os consumidores. Mesmo que você não apoie a ideia de que existe uma ligação direta entre a forma como seus colaboradores se sentem e o desempenho de sua empresa, então deve certamente perceber o potencial deles como embaixadores? À medida que sabemos o quão importante é a propaganda boca a boca, estamos constantemente espantados com o fato de que muitas grandes organizações gastam tão pouco tempo ajudando a transformar seus funcionários em defensores.

A fábrica da Nissan faz um excelente trabalho aqui. Não só tem um objetivo claro de marca, uma força de trabalho motivada e um programa de engajamento dos clientes e da comunidade, como também tem programas para permitir que os funcionários (e suas famílias) comprem carros a preços muito baixos. Os funcionários que estão fazendo e têm os veículos são o melhor tipo de embaixador. Eles estão demonstrando sua confiança na marca, gastando seu próprio dinheiro com ela.

TRATE A CAUSA DE SEU MAL-ESTAR, E NÃO APENAS OS SINTOMAS

Muitas vezes, é fácil identificar uma marca que precisa de ajuda internamente. É um pouco como quando você está se sentindo mal: os sintomas podem, muitas vezes, levá-lo à causa. Quantas vezes você ouviu coisas como: "Não tenho certeza do que a empresa está tentando alcançar"; ou "Sei o que precisamos para mudar, mas não sei bem como pretendemos fazê-lo." Muitas vezes, os líderes empresariais falam que "os funcionários não estão realmente percebendo" ou expressam sua frustração perante a "falta de mudança no coração da empresa". Todas essas afirmações estão realmente expondo uma falha em engajar a equipe, e muitas dessas questões podem ser abordadas aproveitando o poder da marca.

AO PROCURAR A MUDANÇA, COMECE POR DENTRO

Quando se trata de mudar sua estratégia ou reposicionar sua marca, você faria bem em pensar primeiro em seus funcionários. Que esperança você tem de entregar uma nova estratégia aos clientes se os funcionários não tiverem clareza sobre por que a organização está mudando de direção, bem como o que é exigido deles agora? As marcas devem aplicar as mesmas ferramentas e técnicas aos seus colaboradores e aos seus clientes. Corações e mentes raramente são conquistados com uma apresentação em PowerPoint de quinze minutos.

Fala-se muito disparate sobre programas de engajamento. Em muitos negócios, é como se uma amnésia coletiva descesse no minuto em que o negócio começa a tentar se engajar internamente. Os funcionários devem ser tratados como um grupo mais íntimo de clientes. É ingênuo pensar que o material produzido internamente (como vídeos ou apresentações) não acabará sendo compartilhado nas mídias sociais. Suponha que será e então comece a usar isso a seu favor.

Aceite que, assim como sua base de clientes potenciais, é improvável que você converta todos a sua causa. Não perca tempo tentando jogar xadrez com pessoas que não querem jogar. Em vez disso, concentre-se nos funcionários que estão abertos à mudança e direcione seus recursos para onde você sabe que é importante. A comunicação de qualquer tipo de modificação requer que os funcionários primeiro ouçam sobre a modificação, depois a compreendam, vejam a modificação acontecendo e, finalmente, acreditem na mudança. Trate seu compromisso como uma campanha contínua. Use o conjunto completo de canais apropriados, encoraje o diálogo e não se esconda das perguntas difíceis. Aceite que o processo está em curso.

PORQUE VALE A PENA FAZER O CERTO INTERNAMENTE

Tudo isso é importante porque a entrega para os clientes está ficando mais complexa. As marcas mais progressistas e em rápida evolução já não trabalham em casulos. As estruturas internas dentro das organizações estão mudando para refletir a necessidade de ter uma visão única do cliente e oferecer um atendimento ao consumidor contínuo em qualquer tipo de dispositivo ou ponto de acesso, em qualquer lugar do mundo.

Equipes ágeis se reúnem para resolver problemas específicos e depois se dissolvem novamente assim que o problema é resolvido. As equipes são interligadas e difusas, e a melhor maneira de enfrentar esse desafio é fazer com que sua marca trabalhe para você tanto internamente quanto externamente. Crie um propósito forte e use-o para gerar significado e coerência em toda a organização. Trate seus funcionários como clientes mais íntimos. Reconheça o potencial deles para atuar como embaixadores. Promova o engajamento e dê boas-vindas ao desafio. Faça com que seus funcionários compartilhem os problemas dos clientes e aproveite sua experiência para ajudá-los a resolvê-los.

Vivemos na era do branding total. Não é possível dissociar ou esconder o que se passa numa organização do que está acontecendo no exterior. As marcas são essencialmente porosas. Sabemos que o que acontece dentro de uma organização tem uma influência direta sobre o desempenho de um negócio. Motivar e envolver os funcionários é a melhor maneira de melhorar o atendimento ao cliente e aumentar a satisfação dele. As grandes marcas passam muito tempo engajando e cuidando de seus funcionários porque sabem que esse é o caminho para alcançar resultados excepcionais e ótimos serviços — elas se certificam de que seus funcionários saibam qual o comportamento se espera deles e como podem desempenhar individualmente seu papel no desenvolvimento da organização. Nesta era do branding total, pouca distinção deve ser feita entre funcionários e clientes. Ambos têm o potencial de serem defensores apaixonados por sua marca e ambos são fundamentais para seu sucesso. Para acertar por fora, primeiro deve acertar por dentro.

LEITURA ADICIONAL

"The Service-Profit Chain". Disponível em: <https://hbr.org/2008/07/putting-the-service-profit-chain-to-work>.

MITO 20

NÃO EXISTE ESSE NEGÓCIO DE LEALDADE À MARCA

A lealdade à marca é agora duramente conquistada, mas ainda existe e compensa.

Há anos que os varejistas estão obcecados com a lealdade à marca. Eles anseiam que milhões de consumidores comprem sempre suas, e apenas suas, marcas. Durante a década de 1990 e início dos anos 2000, o desejo por tal devoção fez com que os varejistas falassem em tons quase religiosos sobre a adoração na qual queriam manter suas marcas. Havia livros inteiros explorando esse fenômeno, como o *Primal Branding: Create Zealots for Your Brand, Your Company and Your Future*, de Patrick Hanlon. Nós escrevemos anteriormente neste livro sobre a busca pelo *fandom*, por um senso de pertencimento quase tribal, um senso de identidade compartilhado com a marca que os proprietários de marcas buscam. Há alguns livros sobre isso também, tais como *Tribal Marketing, Tribal Branding: An Expert Guide to the Co-Creation Process*, de Brendan Richardson.

POR QUE AS MARCAS QUEREM QUE VOCÊ SEJA LEAL

A economia da fidelidade à marca é simples e convincente, e é por isso que os varejistas procuram por ela. Os clientes fiéis que compram repetidamente seus produtos ou serviços são mais lucrativos do que os novos clientes porque já não têm quaisquer custos de aquisição associados a eles. Além disso, farão seu trabalho de marketing, recomendando ou defendendo e até mesmo, por vezes, garantindo que outras pessoas comprem ou experimentem sua marca. Um estudo da Bain and Company publicado na *Harvard Business Review* revelou que, ao aumentar as taxas de retenção de clientes em cinco por cento, os lucros poderiam ser aumentados entre 25 e 95 por cento.

No entanto, nos últimos anos, surgiram dúvidas quanto ao conceito de fidelidade à marca e a sua existência. O argumento é que, à medida que mais e mais setores e segmentos enfrentam maior concorrência e mais comoditização, os preços caem e fatores como facilidade e conveniência se tornam mais importantes. Então, qual é a importância da marca, além de um simples crachá, para ajudá-lo a encontrar um produto ou serviço?

Além disso, algumas marcas — como Amazon, Facebook, Google ou YouTube — são monopólios virtuais. Qual é o concorrente direto de qualquer um deles? Então, como pode haver alguma lealdade significativa à marca nessas categorias?

ALGUMA VEZ EXISTIU LEALDADE À MARCA?

Além disso, meia lealdade à marca não é lealdade, mas sim uma forma de suborno. Os programas de fidelidade e os cartões de associado para os quais as marcas querem que você se inscreva usam a linguagem da lealdade, mas a mecânica e os princípios da recompensa. Se você comprar de nós, terá descontos ou pontos que você pode usar para comprar mais de nós. Isso não é lealdade, não é mesmo?

E meia lealdade não é lealdade: é uma armadilha. Bancos, empresas de telecomunicações, acordos de *leasing* com fabricantes de automóveis, muitas vezes, o vinculam por meio de contratos. Ou tornam tão difícil a troca que a inércia toma conta e você fica com eles enquanto regularmente reclama do padrão do serviço.

A julgar pela quantidade de trocas que estão ocorrendo nesses setores, à medida que as instituições reguladoras governamentais defendem cada vez ainda mais os consumidores e insistem que as empresas facilitem sua saída, há pouco amor pelas marcas em evidência.

Porém, há muitas provas de que a lealdade à marca ainda existe. Além disso, essa é a lealdade genuína, clientes que são realmente fãs, tanto que desempenham um papel desproporcional no desenvolvimento dessa marca.

No entanto, essa fidelidade à marca é difícil de alcançar, provavelmente mais difícil do que nunca porque requer um foco de toda a empresa para fornecer uma imagem de marca e experiência consistentes.

Evidências do fenômeno duradouro da fidelidade à marca podem ser encontradas no uso e nos resultados da NPS. Essa se tornou a métrica favorita de muitas organizações para ajudá-las a prever os níveis de segurança da demanda de seus clientes e também para identificar e ajustar elementos da experiência da marca que precisam ser corrigidos.

A NPS é uma métrica muito simples e que também pode ser simples de ser coletada; essas são algumas das razões pelas quais muitas empresas a escolhem. Essencialmente, pede-se aos clientes que classifiquem, numa escala de um a dez ou de um a cinco, o quão satisfeitos estão com a marca em geral ou com uma experiência específica dessa marca. Ao somar o número de pessoas com pontuações elevadas (nove ou dez, por exemplo) e depois subtrair as pontuações que são baixas (seis ou menos, por exemplo), chega-se a uma pontuação líquida que indica o grau de preparação dos consumidores para o promover ou recomendar a marca a outra pessoa. Isso é visto como uma boa representação da lealdade à marca. Repetidamente, a pesquisa indica que apenas as pessoas que estão marcando nove ou dez de dez ou quatro ou cinco de cinco são genuinamente consumidores que estão tão felizes com você, que não o deixariam e provavelmente comprariam mais de você. Qualquer nota menor que isso significa que esse cliente ou consumidor não é leal e corre o risco de deixá-lo por uma proposta mais atrativa.

A popularidade da NPS tornou-se tal que, infelizmente, ela está sendo usada ao ponto da contraprodutividade. Você pode muito bem, assim como nós, ficar frustrado com o número de e-mails ou mensagens de texto que recebe pedindo que você avalie o quanto você ficou satisfeito com quase todas as interações que teve com uma empresa, muitas vezes dentro de segundos após tê-la. O verdadeiro valor da NPS, em nossa opinião, está em entender como as pessoas pensam sobre a marca em sua totalidade, e não em cada ponto de contato. Ao bombardear as pessoas persistentemente com pedidos desesperados para "classificar meu serviço", você corre o risco de irritá-las ou, pior, você pode ter resultados distorcidos e também um cliente muito menos feliz.

No entanto, a NPS é uma boa indicação de quais marcas têm clientes fiéis. No setor bancário, por exemplo, o banco First Direct tem uma NPS consistentemente alta que se correlaciona com outras evidências que mostram que as pessoas amam e são leais a esse banco, incluindo o número de vezes que elas realmente recomendam o banco. Foi relatado que os clientes First Direct recomendam o banco a outra pessoa uma vez a cada quinze segundos.

AINDA SOMOS LEAIS ÀS MARCAS DE QUE GOSTAMOS VERDADEIRAMENTE

Outra evidência de lealdade à marca é o *Meaningful Brands Index*, ou índice de marcas significativas. Essa é uma pesquisa realizada pela Havas, um grupo de mídia internacional, a cada dois anos. Pede-se a mais de trezentos mil consumidores em todo o mundo que classifiquem as marcas que usam de acordo com a importância que têm para eles. Constataram regularmente que os consumidores não têm uma verdadeira fidelidade a cerca de 75 por cento das marcas que compram. Se elas não estivessem disponíveis por qualquer razão ou já não existissem, os consumidores teriam todo o prazer em encontrar uma alternativa. Porém, algumas são muito importantes para os consumidores. Essas são marcas com as quais eles têm uma tal afinidade, uma noção de valores partilhados ou comuns, que são quase indispensáveis para eles em suas vidas. Essas são as marcas que a Havas chama de "significativas". Na pesquisa mais recente, a Havas descobriu que elas produziam fortes benefícios econômicos para seus proprietários. Eles tiveram um desempenho superior ao dos indicadores-chave de desempenho (KPIS) do mercado, tais como um aumento de nove vezes na participação da carteira do cliente. Os negócios que possuíam também superaram os índices do mercado da bolsa de valores em cerca de 206 por cento. A conclusão importante que a Havas faz regularmente em sua pesquisa *Meaningful Brands* é que os consumidores terão uma forte afinidade e um desejo de recomprar uma marca que faz mais do que fornecer simples conveniência e facilidade ou outros tipos de funções transacionais. Eles querem uma interação contínua com uma marca que faça algo especial para eles e para o mundo em que vivem. Essas são marcas com propósito. Apple, Lego, Harley-Davison e Patagonia são essas marcas.

A lealdade à marca, então, pode ser mais difícil de alcançar agora, mas uma vez conquistada, é mais "forte". A fidelidade à marca agora também se manifesta de maneiras diferentes do que no passado.

Anteriormente, os consumidores demonstrariam sua lealdade ao usar publicamente o símbolo da marca, bem como com suas compras repetidas. Ainda há pessoas que vão usar uma marca com orgulho, incluindo proprietários da Harley-Davison que tatuam alegremente seu logotipo em sua pele. Mas, mais interessante ainda, os clientes fiéis também querem envolver-se no desenvolvimento, melhoria e comunicação de suas marcas favoritas.

CLIENTES FIÉIS AGORA SÃO COCRIADORES DE MARCAS

Um exemplo disso é a Lego e seu influente grupo Adult Friends of Lego, que originalmente surgiu a partir de um pequeno grupo de entusiastas na internet que formaram o grupo Lego Users em 1997. Esses eram adultos apaixonados pela marca. Mais tarde, a Lego deu a essas pessoas o nome de Adult Friends of Lego ou AFOLS. A Lego começou a aproveitar os insights e experiências desses consumidores, usando canais básicos como o e-mail. Descobriu que muitos deles eram profissionais que podiam dar conselhos muito específicos sobre como tornar os brinquedos Lego tão relevantes ou realistas quanto possível. Eram, por exemplo, médicos, trabalhadores de ambulâncias, bombeiros, pilotos, até arquitetos. O grupo evoluiu e, com o advento da mídia social e a expansão da tecnologia digital, tornou-se uma comunidade ainda mais popular e criativa. Foram tão valiosos no desenvolvimento de produtos e na defesa da marca que a Lego os tornou embaixadores e criou o programa Lego Ambassadors. Ouvindo e trabalhando com eles, a empresa entendeu que sua marca não se restringia apenas às pecinhas reais, mas podia ser levada para o design digital e, além disso, para uma variedade de mídias de jogos construtivos, incluindo filmes. Foram de fato o Adult Friends of Lego e o Lego Ambassadors que ajudaram a desenvolver a ideia do filme *Lego*. Essa propaganda de sessenta milhões de dólares de duas horas da marca Lego rendeu mais de quatrocentos milhões de dólares para o caixa da empresa, assim como deu origem a novas linhas de produto e, consequentemente, novas fontes de rendimento. Foi também um filme aclamado pela crítica e muito amado. Era o exemplo máximo da fantasia de um fã — na verdade, a fantasia de um gerente de marca. A fidelidade à marca foi traduzida em um produto cocriado e uma estratégia e campanha de marketing, que tinham quase a garantia de sucesso, porque as pessoas que a consumiam a criavam. Em 2014, a Lego transformou o Lego Ambassadors em um novo tipo de comunidade. Os embaixadores ajudaram a impulsionar o crescimento da empresa. Em 2016, ela vendeu 75 bilhões de peças e registrou vendas no valor de 5,38 bilhões de dólares.

CLIENTES LEAIS TORNAM-SE GRANDES DEFENSORES

Outra marca construída por meio do comportamento, da compra e das propagandas repetidas de seus clientes é a Primark.

Essa varejista de *fast fashion* tem experimentado crescimento exponencial desde 2008, com as vendas subindo de cerca de 1,6 bilhão de libras para 7,1 bilhões de libras em pouco mais de uma década. As lojas espalharam-se pela Europa e pela América. A Primark investiu pouco em publicidade para alcançar o reconhecimento. Seu crescimento tem sido impulsionado por seus clientes, que se acumulam em suas lojas para comprar sacolas cheias da "moda incrível a preços surpreendentes" que estoca e para desfrutar da atmosfera agitada e experiência do local. Os produtos, as lojas e a crescente conscientização de seus clientes on-line e off-line turbinaram seu crescimento. As compras na Primark tornaram-se uma espécie de ritual social. Encontrar amigos, conversar on-line sobre ir, ir à loja e depois conversar on-line sobre o que você comprou tornou-se uma experiência quase comum de importância extraordinária na vida de seus clientes.

Tal como a Starbucks e o Metro Bank, que mencionamos no Capítulo 7, a Primark compreende que suas lojas são os melhores anúncios para sua marca. Edifícios grandes, abertos, com grandes vitrines, situados nas ruas principais e secundárias, bem como nos shoppings, funcionam como outdoors vivos para a marca. As distintas e robustas sacolas de papel pardo que os clientes enchem com o maior número possível de produtos de moda, e que podem depois ser vistos circulando pelas cidades em carros, ruas, trens ou metrô, constituem um fantástico espaço publicitário para a Primark. O slogan "*amazing fashion, amazing prices*", ou "moda incrível, preços incríveis" em tradução livre, é gravado ao lado, juntamente com uma mensagem clara de que a sacola é reciclável. Os clientes também têm construído a marca Primark pela defesa nas redes sociais, em particular em um ritual que ficou conhecido como o Primark Haul. Os clientes, especialmente as adolescentes, vão à Primark e compram toda uma seleção de artigos de moda. Depois voltam a seus quartos, ligam suas webcams ou seus smartphones e gravam um vídeo falando sobre o que compraram, por que compraram, o preço, e como e quando pretendem utilizar os itens comprados. Esses vídeos da Primark Haul tornaram-se tão populares que uma *vlogger* chamada Zoella conseguiu mais de um milhão de seguidores em 2014. São um milhão de membros dedicados do mercado-alvo da Primark assistindo à publicidade gratuita e defendendo a marca. A marca é tão popular com seus clientes que eles desenvolveram sua própria linguagem com relação a como ela se encaixa em suas vidas. Os clientes gostam de misturar e combinar as roupas Primark com roupas de outras marcas de moda geralmente mais caras. Esse comportamento que chamam Primani — isto é, a mistura de uma peça de vestuário Primark com uma peça Armani em um ato de vestir chamado *layering*.

A Primark não encomenda uma grande quantidade de publicidade televisiva. A expansão das lojas e o *buzz* que é gerado entre os consumidores fazem todo o trabalho. A abertura de uma nova loja Primark em uma cidade é acompanhada por um frenesi de expectativas. Quando a Primark abriu sua primeira loja em Paris, havia uma fila de milhares de pessoas à espera durante a noite para entrar. Quando as portas finalmente se abriram, a pressa dos clientes lá dentro era semelhante ao que se poderia encontrar em um concerto de rock.

A Primark construiu sua marca em torno do seu produto principal, sua experiência de varejo, de um forte investimento em lojas em locais-chave em cidades na Europa e agora na América, e do acompanhamento dedicado de seus clientes e de seus hábitos on-line e off-line. Além disso, recusou-se obstinadamente a tornar-se uma varejista on-line. Ela tem experimentado com compras on-line, mas a economia de um negócio de varejo de *fast fashion* apenas não funciona em um canal on-line. O canal on-line é ótimo para divulgar moda e para os clientes compartilharem suas fotos e vídeos no Pinterest, Instagram e YouTube, entre outros. Simplesmente não há margem de lucro suficiente para justificar o dispendioso processo de embalagem e expedição de produtos. Em qualquer caso, como a Primark entende muito bem, a *alegria* da marca está na experiência de ir, navegar e comprar na loja.

APROXIME-SE O MÁXIMO POSSÍVEL DE SEUS CLIENTES

A Primark e a Lego demonstram que você deve ganhar lealdade. E é possível conseguir isso permitindo e encorajando a proximidade com seu público-alvo, conhecendo-o e confiando que ele quer que você tenha sucesso e pode ter grandes ideias para ajudá-lo.

Um setor que depende fortemente dessa "proximidade do cliente" é o dos serviços profissionais. A fidelidade de longo prazo à marca pode ser construída aqui por meio da atenção especial à construção de relacionamentos pessoais. Tenha em mente, no entanto, que o truque é assegurar que a lealdade seja para com a marca de serviços profissionais, e não para com o consultor, profissional de criação ou vendedor que representa a empresa.

Acreditamos que as empresas que têm clientes podem aprender algo com as empresas que têm clientes fiéis. Elas podem aprender intimidade ou proximidade.

No livro *How to Win Friends and Influence Profits*, há uma referência a um estudo de serviços profissionais realizado pelo Grupo Rim ("Individual Marketing Efforts, Selling Professional Services"). O livro relatou a resposta à pergunta: "Qual das seguintes táticas de marketing sua empresa descobriu ser a mais eficaz na geração de novas receitas?". Websites, newsletters, propaganda on-line ou outdoor, artigos publicados, discursos e seminários representaram apenas 27 por cento. A maior contribuição foi, de longe, "visitar os clientes", que recebeu 61 por cento. Simplesmente, não havia melhor maneira de desbloquear receitas do que passar um tempo cara a cara com os consumidores, tendo um diálogo significativo sobre suas necessidades e exigências, principalmente quando você tem uma maneira específica de oferecer a solução em mente. E como muitas vezes é o caso, apenas por estar lá com eles, as oportunidades de ajudar surgem. Como disse Woody Allen: "Oitenta por cento do sucesso está apenas em aparecer". A fidelidade do cliente é importante para os serviços profissionais, assim como a fidelidade do consumidor é importante para outras empresas. Há uma série de razões para isso, mas talvez a mais importante seja que é mais fácil vender novos produtos e serviços a clientes que já são fãs de sua marca do que vender produtos existentes a novos clientes. É claro que as empresas de serviços profissionais devem sempre procurar conquistar novos clientes, mas mesmo assim a melhor forma de consegui-los é mostrar como os clientes existentes compram serviços antigos e novos. As pessoas estão seguras de que outros como elas gostaram o suficiente de você para comprar algo seu.

As marcas de consumidores ou clientes (lideradas pelos serviços) devem emular o grau de intimidade e conhecimento que as melhores empresas focadas nos clientes demonstram. Elas procuram ajudar em vez de vender. E só podem ajudar se conhecerem seus clientes o suficiente para compreenderem como podem ajudar. Além disso, as melhores empresas permitem que seus clientes ajudem a cocriar e assim obter o resultado final. Tal como a Lego, intencionalmente, e a Primark, talvez com uma abordagem mais informal, permitiram que seus clientes construíssem seu negócio.

A lealdade à marca é agora duramente conquistada, mas ainda existe e compensa.

CONCLUSÃO

A marca fascina as pessoas porque é onipresente. Estamos rodeados de marcas diariamente, mas esse é um fenômeno relativamente recente. Foi apenas nos últimos trinta anos que começamos a apreciar as disciplinas de branding e de gestão de marcas, o valor econômico que as marcas geram e as formas complexas por meio das quais nós, como consumidores, interagimos com elas. Portanto, não é surpreendente que existam muitos mitos sobre a marca, o que ela faz e o que não faz. Esperamos que tenha gostado dos mitos que expusemos neste livro.

Por conveniência, aqui está a lista completa dos mitos e um resumo muito breve de nossos principais argumentos contra eles.

MITO 1: AS MARCAS SÃO APENAS UMA FORMA DE COBRAR MAIS CARO PELO MESMO PRODUTO

As pessoas compram marcas por mais razões do que apenas pelo produto. Há benefícios psicológicos da compra de marcas que transcendem as características do produto. Em última análise, nós, os clientes, decidimos o preço que estamos preparados a pagar por uma marca. Em vez de sermos enganados e gastarmos mais dinheiro do que o necessário, muitas vezes pactuamos com empresas para pagar um valor *premium*, porque estamos comprando muito mais do que apenas um simples produto ou serviço.

MITO 2: UMA VEZ PERDIDA, A CONFIANÇA NUNCA PODERÁ SER RESTAURADA

A evidência é que, se você tem uma marca forte e um desejo de tomar medidas decisivas e restauradoras, na maioria das circunstâncias (dado o tempo), a confiança pode ser totalmente ou pelo menos parcialmente restaurada. Isso não significa que as marcas possam se acomodar. Muitos dos escândalos de alto nível poderiam ter sido fatais se tivessem afetado marcas mais fracas com receitas menos robustas. A confiança é duramente conquistada, facilmente perdida e, muitas vezes, dispendiosa de restaurar. Porém, pode ser reconstruída.

MITO 3: UMA MARCA FORTE PODE SER USADA PARA SUSTENTAR UM NEGÓCIO RUIM

No mercado de hoje, uma marca não é vista como separada ou distinta do negócio que representa. Eles são, de fato, parte integrante um do outro. As tentativas de usar a identidade da marca e a publicidade como uma forma de enganar seus clientes em uma compra ruim provavelmente serão insustentáveis e contraproducentes. Ao mesmo tempo, se você for uma empresa com valores estabelecidos e puder aplicar essa virtude a um negócio e marca com desempenho inferior, é provável que seja capaz de acelerar o crescimento e o valor de seu negócio.

MITO 4: A TECNOLOGIA ESTÁ DIMINUINDO O PODER DAS MARCAS

As marcas são poderosas porque ajudam a gerar demanda e criar lealdade. Elas funcionam porque estão intimamente ligadas à autoexpressão. A tecnologia não mudou isso. A tecnologia não está desafiando o poder das marcas, mas transformando mercados, negócios e mudando profundamente a prática de construção de marcas.

MITO 5: O BRANDING SE TRATA APENAS DE LOGOTIPO E PUBLICIDADE

Toda uma cadeia de experiências que moldam as percepções e preferências cria marcas. O logotipo é sempre fundamental, a publicidade é, muitas vezes, crucialmente importante, mas esses não são os construtores de marcas essenciais. Jeff Bezos disse que "uma marca é o que dizem sobre você quando você não está na sala". E o que eles dizem sobre você tende a ser o resultado do que você diz e faz. Para o construtor de marcas moderno em um mundo multicanal em que as pessoas anseiam por experiências autênticas e envolventes e não apenas publicidade divertida, lembrar-se de construir sua marca em tudo o que diz e faz é vital.

MITO 6: AS MARCAS NÃO TÊM VALOR FINANCEIRO

As marcas criam valor financeiro e econômico. Elas são ativos específicos que geram uma segurança de rendimento para qualquer negócio e podem ser vendidas de um negócio para outro, gerando renda para o fornecedor. Criam valor econômico por causa do que seus proprietários fazem com suas marcas: como investem nelas, como as promovem, como as atualizam e como as mantêm relevantes e adequadas à finalidade para seus consumidores.

MITO 7: A DIFERENCIAÇÃO ESTÁ MORTA. SER DISTINTO É IMPORTANTE

Não é que uma marca precise ser distintiva em vez de diferente. Tem de ser ambos. Mas ela precisa se concentrar no que a tornará genuinamente distinta e se manter focada em entregar isso de forma consistente. A combinação disso com a constância de proteger a identidade da marca que possui, e que a diferencia genuinamente, torna-a notável.

MITO 8: O CLIENTE TEM SEMPRE RAZÃO

A resposta a esse mito é muito simples, mas é difícil de executar. Primeiro, é preciso saber quem são seus clientes certos; depois, o que eles mais valorizam; e depois, entregar isso. Então, se o cliente certo reclamar porque você não está tratando-o corretamente, ele está certo em reclamar. O cliente *certo* tem sempre razão.

MITO 9: VOCÊ PRECISA DE MUITAS DÉCADAS PARA CONSTRUIR UMA MARCA VERDADEIRAMENTE GLOBAL

Agora leva muito menos tempo para construir uma marca genuinamente global. A Tesla conseguiu alcançar o status de marca global em pouco menos de quinze anos. Também é bem possível que esse processo se torne ainda mais rápido. Facebook, Uber e Airbnb são a prova de que uma marca pode se tornar conhecida e, em apenas alguns anos, tornar-se um gigante global.

MITO 10: UMA MARCA É "PROPRIEDADE" DO DEPARTAMENTO DE MARKETING

Para empresas de todos os tipos, o sucesso futuro dependerá da capacidade de se organizar em torno do cliente, de aceitar que a reputação é conquistada e não cinicamente manipulada, de passar de uma tendência de comando e controle para uma forma mais aberta e flexível de trabalhar. Entender que, embora as marcas registradas e a PI possam ser legalmente de propriedade de uma empresa ou indivíduo, o poder real das marcas é que elas residem na mente do cliente e que cada ação individual tomada em nome de um cliente tem o potencial de agregar valor. As marcas precisam ser de propriedade do conselho, não do departamento de marketing.

MITO 11: O PROPÓSITO DA MARCA É APENAS A RSC COM OUTRO NOME

Um propósito genuíno da marca não tem a ver com responsabilidade social e corporativa tradicionais. É a autêntica expressão e promulgação da motivação primária de uma organização, a razão pela qual essa marca ou negócio existe em primeiro lugar, muitas vezes encontrada na única coisa que mais interessa tanto aos clientes quanto aos funcionários.

MITO 12: OS CLIENTES PROCURAM UMA RELAÇÃO PESSOAL COM A SUA MARCA

Tenha cuidado com a ideia de que a maioria dos clientes está buscando uma relação pessoal com sua marca; a maioria deles não está. Reconheça isso e você pode começar a construir uma marca mais eficaz. Cuide do pequeno grupo de clientes que está aberto a uma relação e ajude-os a construir uma comunidade na qual possam falar abertamente uns com os outros. Use o dinheiro que você teria gastado tentando construir relacionamentos com clientes que não estão interessados para melhorar sua oferta, construa distinção e use o insight para antecipar as necessidades e motivações dos clientes em mudança.

MITO 13: O BRANDING É SUBJETIVO. É APENAS BLÁ-BLÁ-BLÁ E ARTE, SEM RIGOR NEM CIÊNCIA

Existem ferramentas definitivas e processos rigorosos estabelecidos para o branding. Há também uma série de grande expertise e processos eficazes disponíveis para apoiar o proprietário da marca. Mas, mais importante ainda, nenhum deles deve ser considerado como um substituto para uma visão genuína e um pensamento criativo. As marcas devem ser construídas com base numa visão clara; devem ser relevantes e distintas, além de entusiasmar e capacitar o cliente. Criá-las é um trabalho árduo e envolve uma fusão de QI e inteligência emocional. Existem ferramentas para guiar o profissional e fornecer atalhos, mas nunca devem substituir o fator humano que está no coração de cada marca de sucesso.

MITO 14: EM CERTOS TIPOS DE NEGÓCIO, MARCAS NÃO IMPORTAM

As marcas têm um papel a desempenhar em quase todos os setores de uma economia de mercado funcional. Ajudam a criar valor, a manter a vantagem competitiva e são fáceis de registrar. As marcas ajudam as empresas a se conectarem com os clientes e a retê-los, e eles são o sangue de qualquer negócio.

MITO 15: O BRANDING NÃO TEM NADA A VER COM A EXPERIÊNCIA DO CLIENTE

As marcas têm tudo a ver com a experiência do cliente. Embora seja fácil pensar nas marcas em termos puramente visuais, uma marca é realmente a mistura única de associações emocionais e racionais que se formam como consequência de todas as nossas interações com ela. À medida que os clientes se tornaram mais sofisticados e a experiência, mais valorizada, as marcas procuraram construir uma vantagem mais distintiva para sua experiência. A tecnologia está ajudando a acelerar essa mudança, mudando as expectativas, transformando os mercados e auxiliando os proprietários de marcas a construírem experiências novas e mais atraentes. Fazer com que a experiência do cliente seja correta é realmente importante.

MITO 16: O BRANDING TEM A VER APENAS COM O PRODUTO

Uma marca é muito mais do que apenas o produto. É um composto de centenas de atividades concebidas para formar e ocupar um espaço na mente do cliente. Uma marca, muito mais do que qualquer produto ou serviço individual, continua a ser a melhor forma de construir e proteger uma vantagem competitiva no longo prazo.

MITO 17: CRIAR NOMES DE MARCAS É FÁCIL

Criar uma marca pode parecer fácil e, às vezes, pode ser. É pouco provável que o pequeno comerciante ou empresário local fique irritado demais com o processo e possivelmente só se preocupará com o registro da marca muito mais tarde. Para a maioria dos outros negócios, no entanto, o processo de desenvolvimento do nome precisa ser abordado com mais cuidado. Ele deve ser cuidadosamente gerido, devendo ser verificada a disponibilidade legal e a adequação cultural e linguística dos nomes potenciais. Isso é muito mais difícil do que parece.

MITO 18: AS MARCAS SÃO APENAS BENS DE CONSUMO

Há marcas de serviços, empresas B2B, empresas de tecnologia, instituições de caridade, organizações esportivas e, como nos lembra David Beckham, marcas para celebridades também.

MITO 19: AS MARCAS TÊM A VER APENAS COM O QUE ACONTECE DO LADO DE FORA

Nesta era de branding total (em que cada interação com um cliente afeta sua propensão a gostar ou não de você), pouca distinção deve ser feita entre funcionários e clientes. Ambos têm o potencial de serem defensores apaixonados da sua marca e ambos são fundamentais para seu sucesso. Para você que fique bem do lado de fora, primeiro deve ficar bem internamente.

MITO 20: NÃO EXISTE ESSE NEGÓCIO DE LEALDADE À MARCA

A natureza da lealdade à marca mudou. Exige que as marcas cumpram suas promessas de forma consistente, em vez de subornar por meio dos programas de fidelidade. Mas, em troca, os clientes tornam-se defensores da sua marca. A lealdade à marca é agora duramente conquistada, mas ainda existe e compensa.